Eine kulinarische Reise

AYURVEDA

Feinste Rezepte Schönste Resorts

1. Auflage
©2018 FIT Gesellschaft für gesundes Reisen mbH
Ferdinand-Happ-Str. 28,
D-60314 Frankfurt am Main
www.fitreisen.de
Geschäftsführer: Dr. Nils Asmussen, Jan Seifried, Claudia Wagner
Die Deutsche Nationalbibliothek verzeichnet diese Publikation in der Deutschen
Nationalbibliografie; detaillierte bibliografische Angaben sind im Internet über
dnb.d-nb.de abrufbar.
Rezeptüberarbeitung und Text: Gabriele Gugetzer
Gestaltung: Tina Hilscher, tinahilscher.de | Anja Laukemper, anjalaukemper.de
Produktmanagement: Tanja Knott, Cornelia Seeliger, Jana Dorfner, Anna Sieprawska

Druck und Bindung: Livonia Print Ventspils Street 50, Riga, LV-1002, Lettland

ISBN 978-3-00-058999-7

Besuchen Sie Fit Reisen im Netz

Bildmaterial iStock.com/Givaga, Cover/oben links; © Hilton Shilim Estate Retreat & Spa, Cover/unten links; ©Kokhanchikov/ Fotolia, S.7; iStock.com/byheaven, S.9, 14;
Buchrücken/oben links; © Nikolaeva Svetlana/Fotolia, S.10; iStock.com/SrdjanPav, S.13; iStock.com/lena_serditova, S.16; iStock.com/FotografíaBasica, S.19; Sunny Forest/
Shutterstock.com, S. 23 (Bild, das mit Lizenz von Shutterstock.com verwendet wird); ©Rawpixel.com/Fotolia, S.24; iStock.com/fcafotodigital, S.39; iStock.com/geopaul, S.46;
iStock.com/Gwengoat, S.49; iStock.com/HandmadePictures, S.50; iStock.com/merc67, S.53; iStock.com/Mypurgotaryyears, S.54; iStock.com/ALLEKO, S.57; iStock.com/
igor_kell, S.58; iStock.com/GMVozd, S.62; iStock.com/johnbloor, S.66; iStock.com/PoppyB, S.69; iStock.com/instants, S.70; iStock.com/Elementallmaging, S.72; iStock.com/
Carmen Hauser, S.75; iStock.com/kcline, S.79; iStock.com/bhofack2, S.80, 105; iStock.com/Givaga, S.82; iStock.com/fcafotodigital, S.84; iStock.com/utah778, S.88; iStock.
com/wathanyu, S.91; iStock.com/MelanieMaier, S.92; iStock.com/YelenaYemchuk, S.95, 96; iStock.com/yaicyber, S.99; iStock.com/hadynyah, S.102; iStock.com/Wassiliy,
S.109; iStock.com/tycoon751, S. 110; iStock.com/dianazh, S.113; iStock.com/jaaey88, S.114; iStock.com/kurundaev, S.117; iStock.com/SimonSkafar, S.118; iStock.com/luxiang-
jian4711, S.125; iStock.com/StasWalenga, S.126; iStock.com/AAGGraphics, S.132; Angelo Giampiccolo/shutterstock.com, Buchrücken/oben rechts (Bild, das mit Lizenz von
Shutterstock.com verwendet wird)

INHALT

Claudia Wagner,
Geschäftsführerin Fit Reisen

LIEBE LESERINNEN UND LESER,

es war eine glückliche Fügung, dass ich mich direkt nach meinem Touristikstudium bei einem kleinen Reiseveranstalter namens Fit Reisen bewarb. Ich ahnte nicht, dass ich mein Berufsleben damit in eine wunderbare Richtung lenkte. Mein persönliches Interesse galt schon immer einer bewussten Lebensweise, viel Bewegung und gesunder Ernährung. Auch Naturheilverfahren finde ich spannend. Damals waren Gesundheitsreisen allerdings noch eine Nische. Heute sind Gesundheit und Wellness hochaktuelle Themen, denen Menschen viel Aufmerksamkeit schenken.

> »Mein persönliches Interesse galt schon immer einer bewussten Lebensweise.«

Ich konnte miterleben und aktiv teilhaben, wie Anfang der 90er Jahre das im Westen weitgehend unbekannte Ayurveda aufkam. Erste Kontakte zu Hotels auf Sri Lanka stellten sich ein.

Das erste Hotel, das wir aufnahmen, war das Barberyn Reef – ein Wegbereiter in Sachen Ayurveda. Der Inhaber, Manick Rodrigo, wurde sogar vom Präsidenten für seine herausragende Pionierarbeit ausgezeichnet. Über die Jahre sind er und seine Familie enge Vertraute von mir geworden. Durch ihn sowie viele andere Hotelpartner und Ayurveda-Ärzte, zu denen ich ebenfalls ein enges Verhältnis pflege, habe ich eine Menge über Ayurveda gelernt und bin vielfach in den Genuss von

ayurvedischen Anwendungen gekommen. Meine Empfehlung: Probieren Sie es aus!

Bis heute verfolge ich mit großer Freude, dass immer mehr Menschen die Heilkräfte von Ayurveda für sich entdecken. Wenn ich mit Kunden Gespräche darüber führe, fällt zumeist das Stichwort Lebensveränderung. Wie schön! Für uns alle ist Lebensqualität und Nachhaltigkeit mittlerweile mehr geworden als ein Modebegriff, eher eine Lebensweise. Wenn ein mehrwöchiger Ayurveda-Aufenthalt in einem exotischen Land mit einer uns fremden Kultur eine nachhaltige Wirkung hat, weil sich etwas positiv verändert, ist viel erreicht. Das spricht sich herum. Daher ist Ayurveda selbst in unseren Breitengraden in der Mitte der Gesellschaft angekommen – das Interesse ist groß. In Indien und Sri Lanka – der Wiege des Ayurveda – aber auch in Europa ist das Angebot enorm gewachsen, ebenso wie die Nachfragen nach Reisen dorthin. Auf diese schöne Entwicklung bin ich ein kleines bisschen stolz!

Die jahrtausendealte Gesundheitslehre hat viel zu bieten. Die ayurvedische Ernährung, individuell auf den Dosha Typ abgestimmt, spielt dabei eine große Rolle. Sie gibt Antworten auf viele Fragen, zum Beispiel wie wir unsere Mahlzeiten genießen und uns dabei zufrieden fühlen können. Oder wie wir ohne Stress unser Wohlfühlgewicht erreichen. Für beides eignet sich, da spreche ich aus Erfahrung, eine Ayurveda-Kur ideal.

Wenn Sie das abendliche Ayurveda-Büfett genießen, werden Sie schnell entdecken, dass alle Geschmacksrichtungen von süß über salzig bis hin zu bitter dort vereint sind, manchmal auch

nur als Beilagen in Form von Chutneys oder Soßen. In unserem Alltag vergessen wir oft, die richtigen Nahrungsmittel, Gewürze und Aromen in den Speiseplan zu integrieren. Gelingt das, entfallen bald auch die Heißhungerattacken.

Das Stichwort Büfett bringt mich dazu, Ihnen das vorliegende Buch ein bisschen zu erklären. Wir haben uns in unseren schönsten und beliebtesten Resorts in den Küchen umgeschaut und die Chefköche nach ihren Lieblingsrezepten gefragt. Daraus ist eine bunte Sammlung von Rezepturen, Menschen und Geschichten geworden, die wir gern mit Ihnen teilen möchten. Oft passen die Gerichte gut in unseren Alltag daheim, manche erfordern mehr Geduld bei der Zutatensuche oder sollten lieber mit heimischen Zutaten nachgekocht werden. Gerichte mit indischem Wassernabel oder Moringaschote sind zum Beispiel typisch asiatisch.

Oft werde ich gefragt, wie man ayurvedisches Wissen in den Alltag integrieren kann. Das ist einfacher, als gedacht. Ein Geheimtipp ist die Heißwasser-Trinkkur, leicht umzusetzen, kostenlos und höchst effektiv. Während der Kur wird ausschließlich abgekochtes Wasser getrunken. Dies soll den körperlichen Reinigungsprozess beschleunigen und dabei helfen, fitter durch den Tag zu kommen. Gerne können Sie es mit einem Spritzer Zitrone und etwas Honig, der in der ayurvedischen Kunde als Heilmittel gilt, verfeinern und über den ganzen Tag in einer dekorativen Thermosflasche bei sich tragen. Das ist die gesunde Alternative zum »Coffee to go«.

»Heißwasser ist die gesunde Alternative zum Coffee to go.«

Das vorliegende Buch ist in erster Linie ein Kochbuch. Aber es soll Sie auch entführen in die zauberhafte, prächtige und staunenswerte Welt des Ayurveda. Kurz: Es soll Ihnen Lust machen auf diese besondere asiatische Heilkunst, mein Lebenselixier.

Ein kleiner Tipp am Rande: Ayurveda-Kuren eignen sich auch wunderbar, wenn Sie allein verreisen. Sie werden schon am ersten Abend mit interessanten Menschen ins Gespräch kommen. Ich habe bei meinen Aufenthalten Gäste aus aller Herren Länder kennengelernt. Ayurveda kann auch hier eine ganz neue Welt eröffnen.

In diesem Sinne: Leben und bleiben Sie gesund!

Herzlichst
Ihre Claudia Wagner

AYURVEDA

Spannendes und Alltagstaugliches über die jahrtausendealte Heilkunde

Ayurveda, die aus dem indischen Raum stammende Heilkunde, gehört zu den ältesten überlieferten Gesundheitslehren der Welt. Traditionell in Indien, Nepal und Sri Lanka praktiziert, ist sie in den letzten Jahrzehnten auch bei uns in der Mitte der Gesellschaft angekommen. Denn Heilen mit Kräften der Natur ist ein Trend, der hierzulande sein Revival erlebt.

Im Bereich der chronischen Beschwerden und ihrer Behandlung hat sich das Interesse an heilkundlichen Ansätzen in den letzten Jahren verstärkt. Besonders bei gesundheitlichen Risiken unserer Zeit wie Stress, Allergien, Autoimmunerkrankungen oder Ernährungsdefiziten ist die ganzheitliche asiatische Heilkunst eine hilfreiche Methode. Das besagt schon die ebenso einleuchtende wie einprägsame Beschreibung des Ayurveda: Der Mensch ist glücklich, leistungsfähig und gesund, wenn Körper und Seele im Gleichgewicht sind.

Eure Nahrungsmittel sollen eure Heilmittel sein und eure Heilmittel eure Nahrungsmittel

Diese Aussage stammt nicht etwa von einem ayurvedischen Gelehrten, sondern von dem griechischen Arzt Hippokrates, der im Westen als Vater der Medizin gilt. Seine Anschauung ist etwa 2000 Jahre alt, greift das ayurvedische Prinzip auf und ist aktuell wie eh und je. Wie er empfiehlt auch die Lehre des Ayurveda eine ausgewogene Ernährung. Sie dient dazu, Energien auszugleichen und so Körper und Geist gleichermaßen gesund zu halten. Die indische Pflanzenheilkunde und Gewürze spielen dabei

eine wichtige Rolle. Erfahrene Ayurveda-Köche wählen Gewürze gezielt aus und integrieren sie raffiniert in die Gerichte. So entstehen aromatische Geschmackserlebnisse, die verwöhnen.

Denn Essen soll schmecken. Nur dann erfreut es Körper und Geist - nur dann ist es gesund. So gibt es laut Ayurveda nicht die einzige gesunde Ernährung, sondern die individuell passende. Wichtig ist, darauf zu achten, wie und wie viel gegessen wird. Ayurveda kennt sechs verschiedene Geschmacksrichtungen, Rasas genannt: süß, salzig, sauer, bitter, adstringierend – oft als herb verstanden – und scharf. Bei einer Mahlzeit sollten alle Ausrichtungen ausbalanciert vorhanden sein.

Einige klassische Ernährungstipps des Ayurveda:

- sich nie »pappsatt« essen
- mindestens vier Stunden Pause zwischen den Mahlzeiten einhalten
- nur dann essen, wenn man wirklich Hunger hat
- nur dann essen, wenn man sich in einer ruhigen, ausgeglichenen Gemütslage befindet
- viele warme Speisen verzehren
- am besten frische Zutaten wählen und frisch zubereitete Speisen zu sich nehmen
- jede der sechs Geschmacksrichtungen in einer Mahlzeit berücksichtigen

Ist ayurvedisch gleichbedeutend mit vegetarisch?

Auch wenn sich in Indien auf Grund religiöser Gewohnheiten mehr Vegetarier und Veganer finden als in jedem anderen Land, heißt dies keinesfalls, dass eine ayurvedische Ernährung rein vegetarisch ausfallen muss. Ayurveda glaubt an die heilenden Eigenschaften der Pflanzen, daher werden Speisen häufig von pflanzlichen Zutaten und Gewürzen dominiert. Doch auch Fisch und Hühnchenfleisch können den Speiseplan sinnvoll ergänzen. Vegane Ernährung und die im Westen in den letzten Jahren aktuell gewordenen Ernährungsthemen Laktose und Gluten lassen sich mit ayurvedischer Ernährung sehr gut vereinbaren.

Was hat es mit den Doshas auf sich?

Generell unterscheidet Ayurveda drei Konstitutionstypen, Vata, Pitta und Kapha genannt. Sie sind abgeleitet aus den fünf ayurvedischen Elementen Luft, Raum, Feuer, Wasser und Erde. Jeweils zwei von ihnen beschreiben ein Dosha. So spiegelt Vata Luft und Raum, Pitta Feuer und Wasser und Kapha Wasser und Erde wieder. Für jeden Dosha-Typ gibt es spezielle Ernährungsempfehlungen, die bei einer Ayurveda-Kur von einem gut ausgebildeten Ayurveda-Spezialisten zusammengestellt werden. Oberstes Ziel des Speiseplans ist es, eine ausgewogene Ernährung für das individuelle Dosha zu komponieren, die den Körper stärkt. Dazu schlägt er ausgewählte ayurvedische Massagen, Ölanwendungen und Kräuterheilmittel vor.

Für dieses Buch wurden bewusst Rezepte ausgewählt, die für alle Doshatypen geeignet sind – Tridosha ist der Fachbegriff dazu. Das macht es einfacher, zuhause etwas für Gesundheit und Wohlbefinden zu tun.

DOSHA-TYPEN IN DER ÜBERSICHT

VATA	PITTA	KAPHA
Ist für die Aktivitäten und Bewegungsabläufe im Körper zuständig = Bewegungsenergie	Ist zuständig für den Stoffwechsel und reguliert Hunger und Durst = Umwandlungsenergie	Ist für den Aufbau und Erhalt des Körpers zuständig = Erhaltungsenergie
Raum und Luft sind die beschreibenden Elemente	Feuer und Wasser sind die beschreibenden Elemente	Wasser und Erde sind die beschreibenden Elemente
Vata-Typen benötigen leicht verdauliche Gerichte, warm serviert, mit wenig Fett.	Pitta-Typen können auch kalte Gerichte zu sich nehmen, die etwas schwerer sein dürfen.	Kapha-Typen sollten sich auf warm servierte Gerichte beschränken, die leicht gegart sind und mit viel Obst und Gemüse zubereitet werden.
Die empfohlenen Geschmacksrichtungen: salzig, sauer, süß.	Die empfohlenen Geschmacksrichtungen: bitter, süß, herb.	Die empfohlenen Geschmacksrichtungen: scharf, bitter, herb.

Ayurveda und Yoga – wie hängt das zusammen?

Yoga ist eine Schwesterwissenschaft von Ayurveda. Beide stammen von denselben Wissensquellen ab, den »Veden«. Yoga ist ein wesentlicher Bestandteil einer Ayurveda-Kur, denn die richtige Atmung, Bewegung und Meditation gehören zu den Grundlagen des ganzheitlichen ayurvedischen Heilsystems. Für Furore sorgte einst der Trainer eines berühmten Fußballclubs in Deutschland, als er Yoga auf den Trainingsplan setzte. Das ist lange her: Heute wird Yoga hierzulande in jedem Alter ausgeübt. Immer mehr Menschen finden im heimischen Yoga-Studio zu einem verbesserten Körpergefühl und zu ihrer seelischen Balance.

Ayurveda und Yoga setzen beide auf ähnliche Aspekte: Achtsamkeit, Ausgeglichenheit, Zufriedenheit mit dem Ziel der ganz-

heitlichen Gesundheit. Yoga, ein Wort aus dem Sanskrit, lässt sich mit Vereinigung und Verbundenheit übersetzen, nämlich der von Körper, Geist und Seele. Yogaübungen dienen dazu, diese Verbundenheit zu erreichen. Der heilsamen Bewegungslehre wird ein Einfluss auf gute Energien, Harmonie und unser geistiges und spirituelles Leben zugeschrieben. Das Praktizieren bringt Entspannung und Gelassenheit, aber auch einen starken Körper. Auch sollen die Übungen Kreativität und die eigene Ausstrahlung fördern. Kein Wunder also, dass sich die heilsame philosophische Lehre zunehmender Beliebtheit erfreut. Ayurveda, ebenfalls ein Begriff aus dem Sanskrit, ist der Begriff für die Wissenschaft vom Leben und kümmert sich um unser physisches und geistiges Wohlergehen.

AYURVEDA FÜR JEDEN TAG – SO KLAPPT'S

Viele Gäste, die von einer Ayurveda-Kur zurückkehren, haben das Gefühl, sie müssten ihr ganzes Leben auf den Kopf stellen und versuchen alles, was sie gelernt haben, in ihren Tagesablauf einzubauen. Das ist nicht so einfach – und gar nicht notwendig.

Hier sind sechs Tipps, wie Sie Ayurveda einfach nach Hause holen und in Ihren Alltag integrieren:

 1 | Trinken Sie über den Tag verteilt ab und zu schluckweise warmes Wasser, das Sie morgens zehn Minuten lang gekocht haben. Bei Wunsch aromatisieren Sie es mit einem Spritzer Zitrone oder Limette und lösen etwas Honig darin auf. Sich für jedes Glas Heißwasser drei Minuten der Ruhe und Besinnung gönnen, macht gleich noch mehr Spaß.

 2 | Vergessen Sie bittere oder herbe Aromen nicht! Dass unsere Zunge nicht nur zwischen süß, sauer und vielleicht noch salzig unterscheiden kann, haben wir ein bisschen verlernt. Dabei sind Bitterstoffe nicht nur für Körper und Stoffwechsel gut, sondern schärfen unser Geschmacksempfinden. Und wer seinen Gaumen mit allen Aromen versorgt, hat weniger Appetit. Zwischen Brennesselblättchen zum Salat oder vitaminreichen Granatapfelkernen zum Joghurt ist die Bandbreite groß.

 3 | Probieren Sie Ingwer und Kurkuma! Kurkuma, das hierzulande als Gelbwurz bekannte Gewürz, wirkt entzündungshemmend und antibakteriell. Dabei würzt es mild. Schmecken Sie (messerspitzenweise) Wurzelgemüse, Blumenkohl oder Kartoffeln ab, geben Sie Reis eine schöne Farbe. Probieren Sie es mit Ingwer in einem Tee oder aromatisieren Sie Gemüsesuppen damit. Auch das derzeit beliebte Trendgetränk, Kurkuma-Latte, macht sich die wohlschmeckenden und belebenden Eigenschaften des goldgelben Gewürzes zu eigen.

 4 | Die beste Alternative zu Fetten und Ölen ist das ayurvedische Ghee. Gilt auch als Verjüngungsmittel. Verzichten Sie auf frittierte Gerichte.

 5 | Räumen Sie sich im Küchenschrank ein Plätzchen für Ihre Ayurvedaküche frei. Für Basmatireis, Gewürze wie Kurkumapulver, Senfsaat und eine Mischung, die Kreuzkümmel und Koriander enthält. Außerdem Linsen, Honig, Kokosöl, Nüsse und Sesamsaat. Dann haben Sie bereits eine gute Mischung. Lassen Sie sich von heimischen Gepflogenheiten inspirieren! So ist ein bayerisches Landbrot ohne Koriander undenkbar, kochten uns Großmütter leidenschaftlich gerne Linsensuppe und galt Honig bei uns früher als Heilmittel. Denken Sie nur an heiße Milch mit Honig!

 6 | Frische ist Trumpf! Kaufen Sie wieder öfter auf dem Wochenmarkt ein und – wenn immer möglich – kochen Sie frisch. Das macht Freude, schmeckt besser und ist gesund.

HINWEIS

Da die Gerichte meist doshagerecht als Büfett angerichtet werden, haben wir bei den Rezepten auf eine Empfehlung der Personenzahl verzichtet. Kombinieren Sie wahlweise mehrere Speisen zu Ihrem eigenen Büfett oder, falls Sie eines der Gerichte besonders anlacht, servieren Sie dieses mit Reis!

»Schaut in euer Herz und ihr
werdet erfahren, dass in euch etwas
lebt, das kein Feuer verbrennen und
kein Meer ertränken kann.«

Asiatische Weisheit

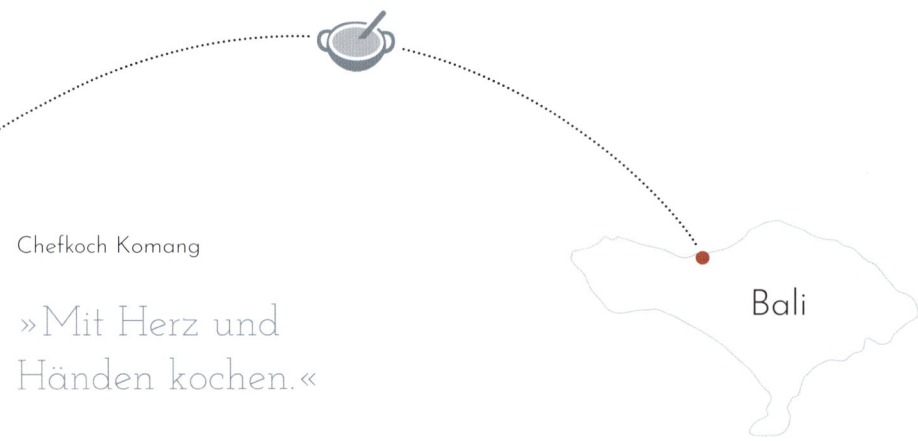

Bali

Chefkoch Komang

»Mit Herz und
Händen kochen.«

ZEN RESORT BALI

Abtauchen im unberührten Norden Balis

Eine außergewöhnliche Kombination aus Ayurveda, Yoga, Meditation und Tauchen bietet das Zen Resort, das im ruhigen Norden der Insel Bali in ein landschaftlich überaus reizvolles kleines Paradies oberhalb des Meeres eingekuschelt liegt. Tauchen, oder besser das »Zen Harmony Diving«, ist hier aktiver Teil des ganzheitlichen Gesundheitsprogramms. Das Verständnis: kontrollierte Unterwasseratmung im Zusammenspiel mit Meditation und freier Bewegung wirken besonders wohltuend auf den Organismus.

Auch kulinarisch wird Neuland betreten. Chefkoch Komang ist Balinese und kocht ganz bewusst mit allen sechs Geschmacksrichtungen des Ayurveda, den Rasas: süß, sauer, salzig, scharf, bitter und adstringierend/herb. Kochen ist für ihn keine Kopfsache, er kocht mit dem Herzen und hofft, diesen Anspruch auch den Gästen zu vermitteln.

Die Ruhe, die über dem Resort liegt, lädt zum Besinnen ein. Unter offenem Himmel und mitten im tropischen Garten begrüßen die Gäste die aufgehende Sonne und jeden neuen Tag mit Meditation und Yoga. Die Gruppenübungen werden ebenso wie individuell zugeschnittene Aktivitäten von Ärzten, Therapeuten oder Trainern begleitet. Dieser holistische Anspruch spinnt sich wie ein roter Faden durch den Aufenthalt, auch durch die 28 unterschiedlichen Anwendungen. Dabei geht es immer um die Wiederherstellung des seelischen, körperlichen und geistigen Gleichgewichts, gern unterstützt von Yoga-Einheiten mit Blick auf das weite Meer.

www.fitreisen.de/zen-resort-bali

MASALA RICE

❖

Lieben Sie Reis? Hier kommt eine besonders bekömmliche Variante, die sich gut zu Hause zubereiten lässt. Gehen Sie für die exotischeren Gewürze einfach kurz vor dem Abflug shoppen.

ZUTATEN

- 200 g Basmatireis
- Salz
- 2 kleine knackige Zucchini
- 2 EL Butterschmalz oder Ghee
- 200 g Erbsen
- 1 ½ TL schwarze Senfsaat
- 1 ½ TL Kurkumapulver
- 1 ½ TL Kreuzkümmel
- 2 Lorbeerblätter
- 2–4 Gewürznelken
- 1 Msp. Cayennepfeffer
- 2–3 Kardamomkapseln
- 3 EL ungesüßte Kokosraspel
- 1 Bund Koriandergrün
- 10 Cashewkerne

ZUBEREITUNG

1. Reis nach Packungsangabe in wenig Salzwasser etwa 20 Minuten weich dünsten. Zucchini waschen, putzen, fein würfeln. Butterschmalz oder Ghee in einer Pfanne erhitzen. Alle Gewürze einstreuen und bei mittlerer Hitze mehrere Minuten köcheln, bis die Senfsaat aufplatzt und sie ihr Aroma entfaltet. Zucchinistückchen und Erbsen unterrühren.

2. Reis bei Bedarf abgießen, unterrühren. Kokosraspel einrühren. Kardamom und Gewürznelken entfernen. Koriandergrün kalt abbrausen, Blättchen fein hacken. Cashewkerne hacken. Beides als Garnierung verwenden, warm servieren.

CRÊPES MIT FEINER GEMÜSE-KOKOS-FÜLLUNG

Dieses ayuvedisches Gericht ist absolut gästetauglich. Variieren Sie die Gemüsefüllung je nach Saison.

ZUTATEN

Für die Crêpes:

- 300 g Mehl nach Belieben
- 4 EL Kokosmilch
- 1 cm frische Ingwerwurzel

- ½ TL Kreuzkümmelpulver
- Salz
- Rapsöl oder Butterfett (Ghee) zum Ausbraten

Für die Gemüse-Kokos-Füllung:

- 500 g gemischtes Gemüse nach Belieben
- Salz
- 1 Zwiebel
- 1 cm frische Ingwerwurzel

- 2 EL Olivenöl oder Ghee
- ½ TL Kreuzkümmelsamen
- 1 Msp. Kurkumapulver
- 1 EL Kokosmilch

ZUBEREITUNG

1. Für die Crêpes Mehl mit Kokosmilch und etwa 100 ml warmer Milch verschlagen, bis sich ein zähflüssiger Teig bildet; bei Bedarf noch esslöffelweise Wasser unterrühren. Ingwerwurzel schälen, reiben, mit Kreuzkümmelpulver unterrühren, leicht salzen. In einer Crêpespfanne 1 TL Fett zerlassen, eine Schöpfkelle Teig bei mittlerer Hitze in die Pfanne geben, Pfanne nach allen Seiten kippen, damit der Teig glatt liegt, etwa 1 Minute backen, bis er am Rand trocknet, wenden, noch etwa 30 Sekunden backen. Restlichen Teig ebenso verarbeiten. Fertige Crêpes beiseitestellen.

2. Für die Füllung Gemüse putzen, fein schneiden. In wenig Salzwasser einige Minuten bissfest garen, abtropfen lassen, beiseitestellen. Zwiebel abziehen, fein hacken, Ingwer schälen, reiben. Olivenöl oder Ghee in einer Pfanne erhitzen. Zwiebel und Ingwer mit Gewürzen einige Minuten bei mittlerer Hitze anrösten, fertig gegarte Gemüse unterrühren, Kokosmilch angießen, einige Minuten durchwärmen, bei Bedarf nachsalzen.

3. Crêpes mit Füllung belegen, aufrollen, halbieren, anrichten.

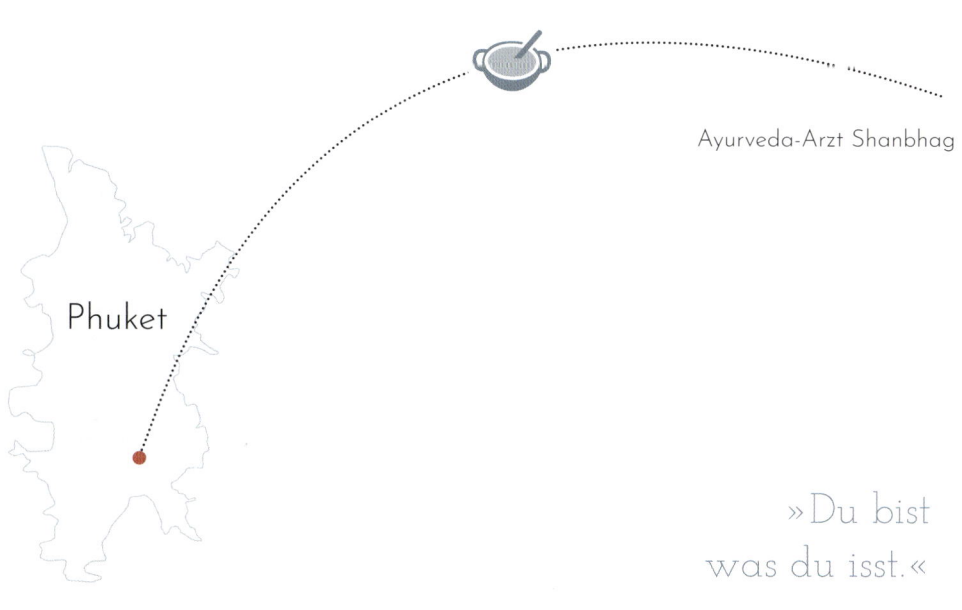

Phuket

»Du bist
was du isst.«

MANGOSTEEN RESORT & AYURVEDA SPA

Authentisches Ayurveda nur für Erwachsene

Phairoy Wanchit ist Chefkoch, Dr. Subhash Annoji Shanbhag indischer Ayurveda-Arzt im exklusiven Boutique Resort im Süden der Insel Phuket, dem Mangosteen. Hier kreiert der Ayurveda-Spezialist die Speisekarte und vermittelt sein theoretisches Wissen ganz praktisch an das Küchenteam. Denn alle neuen Speisen werden dort wie in einer Versuchsküche getestet. Interessanterweise haben Arzt und Chefkoch genau die gleichen Ansprüche wie die moderne deutsche Küche: »Saisonal und regional« soll es sein – die Produkte kommen aus dem Umland, die Speisen werden je nach Jahreszeit immer wieder neu erdacht und doshagerecht aufgetischt. Nur sattvische, also vegetarische Speisen, finden den Weg auf den Tisch – ein Genuss für die Gäste.

Ruhe, Entspannung und auch Romantik sind zentrale Versprechen des Hotels, das unter deutscher Leitung geführt wird. Daher ist es nur Erwachsenen vorbehalten – adults only eben. Atemberaubende Sonnenuntergänge und die Lage des Resorts an einem der schönsten Strände Thailands bieten den perfekten Rahmen für Ayurveda. Neben allen Formen ayurvedischer Anwendungen, die im Resort angeboten werden, ist Yoga ist ein wichtiges Thema. Selbst Yoga-Lehrer können sich hier weiterbilden. Aber das Mangosteen wäre kein Fünf-Sterne-Resort, wenn Gäste sich nicht auch im Beauty- und Wellnessbereich mit Massagen und Gesichtsbehandlungen verwöhnen lassen könnten.

INDIEN

Yoga und Ayurveda haben hier, in der vedischen Hochkultur des Subkontinents, ihren Ursprung. Die geografische, kulinarische und kulturelle Vielfältigkeit des Landes mit seinen über 400 gesprochenen Sprachen ist atemberaubend, ganz zu schweigen vom spirituellen Flair, der Farbenpracht, den einzigartigen Naturschätzen, der Vielzahl heiliger Stätten... Nicht umsonst heißt der Slogan »Incredible India«!

Ein vielbesuchtes Reiseziel in Indien ist Goa, der Bundesstaat an der Westküste zum Arabischen Meer, dessen beliebte Strände sich zwischen Palmenhainen und azurblauen Ozeanblicken erstrecken. Sie zählen zu den schönsten der Welt und sind längst vom Tourismus erschlossen. Dennoch lässt sich in Goa noch immer Unbekanntes entdecken und so dem Trubel entfliehen. Die Region guckt auf eine bewegte Geschichte zurück: Farbenrohe Bauten und tropische Gewürzplantagen zeugen von der portugiesischen Kolonialherrschaft bis ins Jahr 1961.

Der Himalaya, das Wunder der Welt im Norden des Landes, weckt ein Gefühl von Freiheit und Lust, tief durchzuatmen. Die Luft ist kühler und frischer, der Ausblick auf die höchsten Berge der Welt ein atemberaubendes Erlebnis, das wohl kein Gast je vergessen dürfte.

LINSENEINTOPF PANCHRATNA KHICHDI

Ein Rezeptklassiker aus der indischen Küche, der den Körper entgiftet und stärkt.

ZUTATEN

- 100 g Reis
- 2 EL grüne Mungbohnen (Moong Dal)
- 2 EL Urdbohnen (Urid Dal)
- 2 EL Toorlinsen
- 2 EL rote Linsen (Masoor Dal)
- 1 Knoblauchzehe
- 1 cm frische Ingwerwurzel
- 1 Tomate
- 3 EL Butterschmalz oder Ghee
- 1 Msp. Kreuzkümmel
- 1 TL Pfefferkörner
- 10 Curryblätter
- 1–2 Chilischoten
- ½ TL Kurkumapulver
- 1 Bund Koriandergrün
- Salz

ZUBEREITUNG

1. Reis und Hülsenfrüchte in kaltem Wasser 4 Stunden einweichen, abgießen. In einen Topf geben, Wasser angießen, sodass sie daumendick bedeckt sind. Einmal abgedeckt aufwallen lassen, etwa 20 Minuten weich köcheln.
2. Knoblauchzehe und Ingwerwurzel schälen, hacken, mit einer Gabel zu einer Paste zerdrücken. Tomate waschen, halbieren, entkernen, fein würfeln.
3. In einer Pfanne Butterschmalz zerlassen. Kreuzkümmel kurz erwärmen. Pfefferkörner, Curryblätter, Chilischoten und Knoblauch-Ingwer-Paste unterrühren, kurz durchwärmen. Tomatenwürfel mit Kurkumapulver unterrühren, 5 Minuten bei leichter Hitze köcheln.
4. Fertig gekochte Hülsenfrüchte und Reis abgießen, unterrühren. Chilis und Pfefferkörner entfernen. Gericht salzen, mit Koriander garnieren.

 TIPP Diverse Linsensorten wie auch getrocknete Curryblätter sind im Asialaden erhältlich.

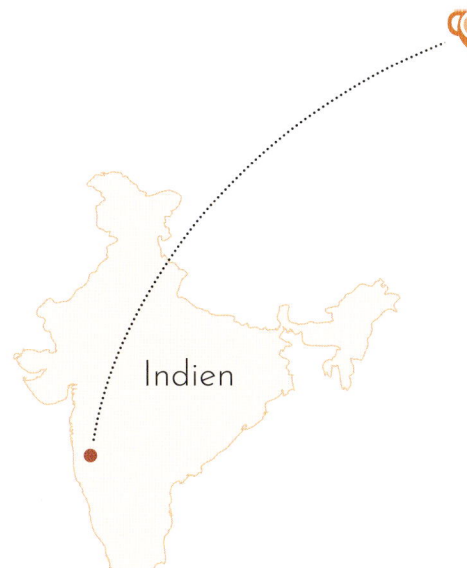

Indien

Chefkoch Chiranjeevi

»Von meiner Oma
und meiner Mama habe ich
das Kochen gelernt.«

HILTON SHILLIM ESTATE RETREAT & SPA

Luxuriöse Stille in den Westghats

Das Hilton Shillim ist nicht nur eines der größten Luxury-Spas Asiens, sondern ein Ort in atemberaubender Landschaft, der vielfältige Rückzugsmöglichkeiten bietet. Gleich nach seiner Eröffnung 2017 wurde das Haus von GEO Spa Asia als »Bestes Destination-Spa« ausgezeichnet. Vieles, was in den diversen Restaurants und Bars auf den Tisch kommt, wird im hoteleigenen Gemüse- und Kräutergarten angebaut. Auch liefern Bauern aus der nahen Umgebung ihre Erzeugnisse an. Entstanden ist eine ganz besondere Genussatmosphäre, die das Hotel nicht zuletzt seinem engagierten Chefkoch Chiranjeevi verdankt. »Ich liebe mein Land und seine Traditionen. Die indisch-ayurvedische Küche zählt für mich zweifelsfrei zu den köstlichsten der Welt.«

Die Liebe zum Kochen wurde ihm in die Wiege gelegt – seine Mutter und seine Grußmutter nennt er seine wichtigsten Lehrmeister. Schon in jungen Jahren bereiste Chiranjeevi den indischen Subkontinent und lernte seinen beeindruckenden Reichtum an kulinarischen Finessen kennen. Das hat Spuren hinterlassen: Heute verfeinert der ambitionierte Koch die Grundprinzipien der ayurvedischen Ernährung mit zeitgemäßen Einflüssen und verwöhnt seine Gäste gemeinsam mit seinem Team mit einer gesundheitsbetonten Küche.

Das Highlight des Fünf-Sterne-Resorts sind die holistischen und personalisierten Wellness-Retreats: Ayurveda, Yogic Life, Detox, nachhaltiges Gewichtsmanagment, Anti-Stress – das Hilton Shillim lässt keine Wünsche offen und ist stets aufgeschlossen für Neues. Auch bei den Anwendungen fließen moderne, international inspirierte Therapien in die Heilarbeit ein.

Indien

Chefkoch Mathew

»Ich kann nur staunen
über das große Wissen der
Ayurveda-Ernährung.«

SWASWARA

Gourmetküche trifft auf Ayurveda

Oberhalb des berühmten Om Beach gelegen ist das SwaSwara prädestiniert dafür, wieder ein Stück weit zu sich selbst zu finden. Ayurveda, Naturheilkunde, Yoga und Meditation werden hier ganz einzigartig kombiniert. Mehr noch, neben dem großen Angebot, das das erfahrene Ärzte- und Therapeutenteam in vielen Bereichen des Ayurveda anbietet, lädt der Ort mit seiner besonderen Harmonie dazu ein, die Seele baumeln zu lassen. Dabei schweift der Blick über den weitläufigen, sehr gepflegten Palmenhain, den lauschig gelegenen Außenpool, eine großzügig und einladend im traditionellen Stil eingerichtete Villa...

Sich einfach fallen und ein bisschen treiben lassen, das kann Unentdecktes zum Vorschein bringen. Darauf setzt das Resort: Gäste können hier ihre künstlerische Ader entdecken, beispielsweise beim Malen oder Töpfern. Oder sie schauen sich bei Chefkoch Mathew ein paar Küchentricks ab. Er hat viele Jahre in den besten Hotelküchen Indiens verbracht. Aber erst ein Aha-Erlebnis brachte ihn zur ayurvedischen Küche. »Ich erkannte ganz plötzlich, dass eine doshaspezifische Ernährung eine immense Rolle bei der Genesung kranker Menschen spielt.« Seitdem vergeht auch für ihn kein Tag mehr ohne seine ayurvedischen Lieblingsgerichte.

www.fitreisen.de/swaswara

AVIAL MIT KÜRBIS

❈

Das berühmte Gemüsecurry Avial darf bei keinem Hindu-Fest fehlen. Chefkoch Mathew hat eine Version seines Originalrezepts zum Nachkochen entwickelt.

ZUTATEN

- 2 Möhren
- 5 grüne Bohnen
- 1 Schnitz Kürbis nach Belieben
- ¼ Salatgurke
- 1 kleine Kartoffel
- Salz

- 1 TL Kurkumapulver
- 10 Curryblätter
- 2 Schalotten
- 1 Msp. Kreuzkümmelpulver
- 60 g ungesüßte Kokosraspel

ZUBEREITUNG

1. Das Gemüse bei Bedarf schälen, putzen, in fingerlange Stücke teilen. In einem Topf mit wenig Salzwasser einmal aufwallen lassen, Kurkumapulver und Curryblätter unterrühren, abgedeckt bei leichter Hitze etwa 10 Minuten bissfest köcheln.
2. Schalotten abziehen, fein hacken, Kreuzkümmelpulver mit Kokosraspel verrühren und zu Mus zerdrücken, Schalottenstückchen unterrühren. Kokospaste unter das Gemüse rühren, noch etwa 5 Minuten köcheln, bis die Gemüse noch Biss haben, aber weich sind.

KÜRBISCURRY MIT MINIBURGERN UND SELBST GEMACHTEN MAISFLADEN

Probieren Sie die Crêpes auch mit einer Mischung aus Maismehl und Weizenmehl.

ZUTATEN

Für den Kürbis:

- 1 Schnitz Kürbis nach Wunsch
- 1 Zwiebel
- 1 Tomate
- 2 EL Ghee oder Butterschmalz
- 1 ½ TL Kreuzkümmelpulver

- 1 TL Korianderpulver
- 1 TL Kurkumapulver
- 100 ml Kokosmilch
- Salz
- 2 Stängel Koriandergrün

Für die Miniburger:

- 100 g geschälte Mungbohnen
- 2 TL Chana Masala (Gewürzmischung; alternativ 1 TL 5-Gewürze-Pulver)
- 100 g Tofu
- 2 Stängel Koriandergrün
- 2 EL Ghee oder Butterschmalz
- 1 ½ TL Kreuzkümmelpulver
- Salz

Für die Maisfladen

- 80 g Maismehl
- 80 g (Vollkorn)-Mehl
- Salz
- 2–4 EL Ghee oder Butterschmalz

ZUBEREITUNG

1. Für das Kürbiscurry Kürbis schälen, würfeln. Zwiebel abziehen, fein hacken, Tomate waschen, fein hacken. Öl in einem Topf erwärmen, Gewürze bei leichter Hitze mehrere Minuten rösten, bis sie ihr Aroma entfalten. Restliche Zutaten unterrühren. Kokosmilch angießen, einmal aufwallen lassen, bei leichter Hitze etwa 20 Minuten weich köcheln. Salzen. Korianderblättchen abzupfen, unterrühren.

2. Für die Miniburger Mungbohnen in wenig Wasser einmal aufwallen lassen, dann ca. 30 Minuten abgedeckt weich köcheln (zwischendurch Wasserstand überprüfen). Abtropfen. Tofu zerdrücken, Korianderblättchen fein hacken. Ghee oder Butterschmalz in einer Pfanne erhitzen. Alle Zutaten vermengen, zu Miniburgern formen, salzen, im Butterfett von allen Seiten etwa 5 Minuten knusprig braun braten.

3. Für die Maisfladen Mehle mit 4 EL warmem Wasser und Salz zu einem glatten Teig verkneten, bei Bedarf noch esslöffelweise Mehl zugeben. In Klarsichtfolie rollen, 1 Stunde ruhen lassen. Teig zu einer Rolle formen, Stücke von etwa 3 Zentimeter abschneiden, zu Bällchen rollen, dann flach drücken. Ghee oder Butterschmalz portionsweise in einer Pfanne erhitzen. Maisfladen portionsweise von beiden Seiten etwa 5 Minuten knusprig backen. Dazu servieren.

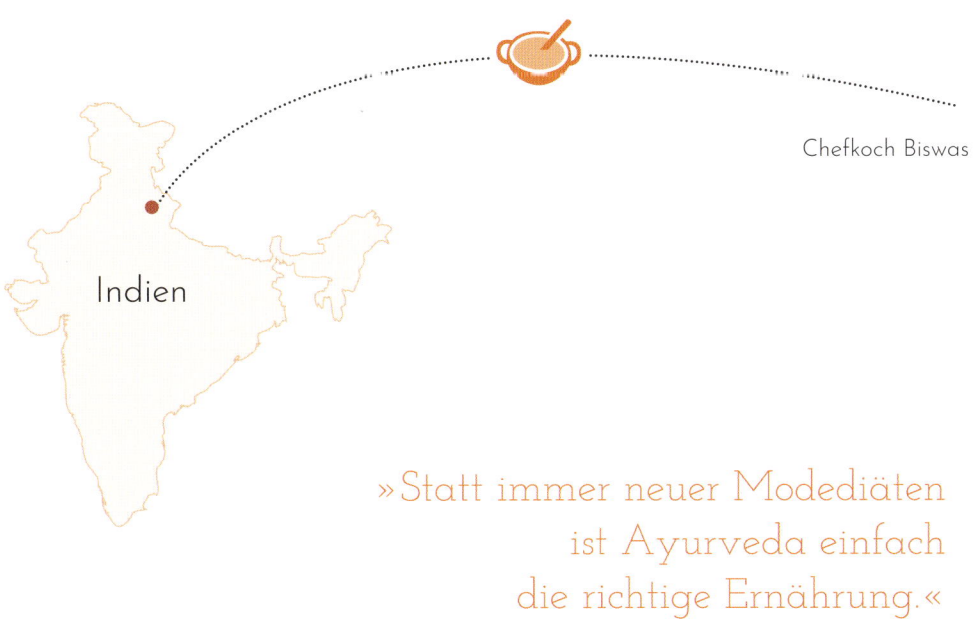

Indien

Chefkoch Biswas

»Statt immer neuer Modediäten
ist Ayurveda einfach
die richtige Ernährung.«

ANANDA IN THE HIMALAYAS

Hollywood in den Himalayas

Sandeep Biswas hat sie schon alle bekocht, von Oprah Winfrey und Brad Pitt bis
zu Heidi Klum. Lampenfieber hatte er nicht. »Ich habe selbst schon auf der ganzen
Welt gekocht, daheim in Indien, auf den Malediven, in London. Und ich glaube fest
an die Heilkraft von Ayurveda. Wir setzen nicht auf Diät, sondern auf die jahrtausendealte Erfahrung, wie man sich richtig ernährt und den Körper ins Gleichgewicht
bringt.«

Ananda in the Himalayas ist ein einmaliges Juwel, untergebracht in einem ehemaligen Maharadscha-Palast aus dem Jahr 1885, ein Rückzugsort für Körper, Geist und
Seele in den Ausläufern des Himalaya-Gebirges. Ananda bedeutet Glückseligkeit.
Nicht umsonst wird das Hotel jedes Jahr wieder unter die Top 10 der besten Spas
und Yoga-Retreats auf der ganzen Welt gewählt. Das Luxusresort pflegt die traditionellen Werte Indiens, als eine holistische Lebensweise noch selbstverständlich war.
Gründer Ashok Khanna ist fest davon überzeugt, dass Menschen Frieden finden,
sobald sie innere Ausgeglichenheit und Harmonie erreichen.

Das zeigt sich auch auf dem Speiseplan: Das Essen ist vorzüglich. Kräuter und
Gemüse stammen aus hoteleigenem Bioanbau: Die absolute Frische der Produkte ist eine weitere Würze in der fein abgeschmeckten, internationalen Küche von
Chefkoch Biswas. Dazu gibt es ein umfassendes Behandlungsprogramm: Yoga und
Meditation wird im Dach des Palastes praktiziert. Der mit 2000 Quadratmetern
sehr großzügig angelegte Spa-Bereich lässt sich auch zwischen den Anwendungen
genießen: Bei dem internationalen Team aus Ayurveda-Ärzten und westlichen Medi-
zinern fühlen sich Gäste jeder Zeit in besten Händen. Zwischendurch lohnt sich der
atemberaubende Blick ins Tal und auf die Himalayas. Denn auch die Natur selbst
hat heilende Wirkung.

Indien

Chefköchin Ramesh

»Ayurveda bedeutet
weniger Stress,
mehr Achtsamkeit.«

KAIRALI - THE AYVURVEDIC HEALING VILLAGE

Ein Paradies heilender Hände

Gita Ramesh hat ihr Leben einem Ziel gewidmet: »Ich möchte die 5000 Jahre alte medizinische Wissenschaft des Ayurveda noch populärer machen.« Die Familienmitglieder sind Ayurveda-Ärzte in vierter Generation. Frau Ramesh, Chefköchin des mehrfach preisgekrönten Resorts, liebt ayurvedische Küche leidenschaftlich und hat ihr Aromawissen in einem Kochbuch festgehalten. Mehr noch: Sie hat ihre Faszination für diese Kochkunst auch wissenschaftlich ergründet und einen Magistergrad in Biochemie erworben. In Indien gilt sie als eine der führenden Frauen im Bereich Ayurveda. Und sie ist Genussmensch durch und durch.

Das »heilende Dorf«, das sie mit ihrem Mann geschaffen hat, ist eine Oase der Natürlichkeit. In den hoteleigenen Kräuter- und Gemüsegärten wachsen die Grundlagen jeder Ayurveda-Kur heran. Der traditionelle Charme der Anlage, äußerst reizvoll gelegen am weltgrößten Bergpass zwischen Kerala und Tamil Nadu, verzaubert. Die Naturverbundenheit ist allerorts spürbar und der einfühlsame, stets freundliche Service ein Teil des Heilungsprozesses.

Das Ayurvedic Healing Village ist nur für Ayurveda-Gäste geöffnet, die Unterbringung ganz im Geiste des Ayurveda gehalten. Der Baustil des Vastu-Shastra, der hier angewandt wurde, strebt ähnlich wie Feng-Shui nach einer Harmonie von Architektur und Leben.

www.fitreisen.de/kairali

AVIAL MIT JOGHURTCREME

✳

Chefköchin Rameshs Variante des Klassikers Avial mit Ingwerschärfe
ist eine willkommene Abwechslung.

ZUTATEN

- 10 Schnippelbohnen oder fünf
  breite Bohnen
- 1 Kochbanane
- 1 Schnitz Kürbis (ca. 100 g)
  nach Wunsch
- 1 Möhre
- 100 g Erbsen
- 2 cm frische Ingwerwurzel

- 2 frische, grüne Chilis
- 200 g ungesüßte Kokosraspel
- ½ TL Kreuzkümmelsamen
- 2 EL Joghurt
- Salz
- 20 Curryblätter
- 1 TL Kokosöl

ZUBEREITUNG

1. Bohnen putzen, entfädeln, breite Bohnen in Stücke von ca. 3 cm
   teilen. Banane schälen, längs halbieren, grob würfeln. Kürbis bei
   Bedarf schälen, grob hacken. Möhre schälen, grob hacken. Erbsen
   bei Bedarf pulen.
2. Gemüse in einem Topf mit wenig Wasser bedecken, einmal
   aufkochen lassen, ca. 10 Minuten weich köcheln.
3. Ingwer schälen, fein reiben, Chilis längs halbieren, Samen für
   weniger Schärfe entfernen, alles mit Kokosraspel, Kreuzkümmelsamen und Joghurt mit dem Pürierstab musen, pikant salzen.
4. Kokosöl erwärmen, Curryblätter darin ziehen lassen. Gemüse gut
   abtropfen, Joghurtpaste einrühren, mit Kokosöl und Curryblättern
   garnieren. Dazu passt Reis.

TIPP Wenn im Frühsommer die ersten frischen Erbsen in der Schote
auf Wochenmärkten angeboten werden, können sie sogar roh
zum Gericht gereicht werden.

BOHNENGEMÜSE MIT SPROSSEN

Pferdebohnen gelten bei uns als Pferdefutter, in der ayurvedischen Küche hingegen als sehr gesund. Man bekommt sie in gut sortierten indischen Lebensmittelgeschäften.

ZUTATEN

- 150 g Pferdebohnen (alternativ grüne oder schwarze Linsen)
- 5 Blätter Rübstiel (oder 1 großes Blatt Mangold)
- 1 Haushaltszwiebel
- 2–3 Knoblauchzehen
- 2 EL Kokos- oder Sesamöl
- 2 getrocknete, rote Chilis
- 2 EL ungesüßte Kokosraspel
- Salz

ZUBEREITUNG

1. Pferdebohnen verlesen, mit kaltem Wasser bedecken und 12 Stunden stehen lassen. Wasser abgießen, in ein feuchtes Tuch wickeln, 24 Stunden keimen lassen, dabei mehrfach kalt abbrausen bis sie sprießen.

2. Sprossen in einem Dampfeinsatz in heißem Wasser 10 Minuten dämpfen. Rübstiel oder Mangold putzen, waschen, ganz fein schneiden, darüber streuen. Abgedeckt noch etwa 15 Minuten dämpfen.

3. Zwiebel abziehen, fein hacken. Ganze Knoblauchzehen von allen Seiten andrücken. Öl in einer Pfanne erhitzen, Zwiebeln und ganzen Knoblauch bei leichter Hitze 7 Minuten dünsten, Knoblauch entfernen, Chilischoten, Kokosraspel und Pferdebohnen mit Gemüse unterrühren, salzen, einmal durchwärmen, gleich zu indischem Naan-Brot servieren.

TIPP   Das Keimen macht Pferdebohnen leicht verdaulich.

Indien

Chefkoch Rajan

»Ich koche innovativ und halte mich doch an ayurvedische Prinzipien.«

SHREYAS YOGA & AYURVEDA RETREAT

Nachhaltig entspannen im einzigartigen Yoga Retreat

Nur zwölf Cottages gehören zu diesem nachhaltig geführten Resort, das ganz neue Pfade eingeschlagen hat. Der bewusste Umgang mit Ressourcen ist ein wichtiges Thema für eines der besten Yoga-Retreats der Welt: so stammt das Trinkwasser aus der hoteleigenen Wasserfilteranlage. Auf Fernseher wurde bewusst verzichtet, denn das Hotel lockt mit seiner interessanten Architektur, der gepflegten Anlage, den vielen Pavillons, in denen sich Yoga oder Meditation ausüben lassen, und dem Infinity-Pool. Allein sechs Yogalehrer sind für die Betreuung der Gäste da.

Chefkoch Rajan ist für das leibliche Wohl verantwortlich. Sein Leben liest sich wie ein Abenteuerroman, immerhin kochte er für die indische Armee und den indischen Botschafter in Australien, Myanmar, Malaysien und Singapur! Die ayurvedischen Speisen entwickelte er zusammen mit dem Ärzteteam des Hauses, um die gesundheitlichen Vorteile einer solchen Ernährung bestmöglich zugänglich zu machen. Denn von der positiven Wirkung der ayurvedischen Küche ist er überzeugt: »Die ayurvedische Heillehre behandelt unseren menschlichen Organismus ganzheitlich«, erklärt er. »Genauso umfassend betrachten mein Küchenteam und ich die Entstehung der Gerichte, von der Aussaat der Samen über die Pflege des Bodens bis zur Ernte und zur umsichtigen Zubereitung der Speisen.« In Kochkursen vermittelt er sein Wissen gerne weiter.

www.fitreisen.de/shreyas-yoga

Indien

Chefkoch Singh

»Als Inder habe ich
Ayurveda im Blut.«

DEVAAYA AYURVEDA & NATURE CURE CENTER

Zentrum für Ayurveda und Naturheilkunde

Goa ist wunderschön. Doch wie das so ist mit wunderschönen Reisezielen – sie bleiben nicht lange ein Geheimtipp. Das Devaaya Ayurveda Resort liegt versteckt inmitten von üppigem Grün und Kokospalmhainen – nicht weit entfernt von den bekanntesten Stränden Goas, dennoch abgeschieden genug, um im ganzen Resort eine einladende Atmosphäre der Entspannung zu verströmen.

Chefkoch Singh weiß um die Bedeutung der Küche des indischen Subkontinents, um ihre aromatische Vielfalt, um die oftmals vegetarischen Kochkünste. Seit einem Jahrzehnt beschäftigt er sich überdies leidenschaftlich mit der authentischen, indischen Ayurveda-Küche. Er lernte viel vom großen Ayurveda-Ärzteteam des Resorts. Die Behandlungsschwerpunkte, die das Haus anbietet, sind Verjüngung, Gewichtskontrolle und Entgiftung. Hier setzt sein Küchenteam mit einer vegetarischen, ayurvedischen Ernährung gemäß der individuell erstellten Ernährungspläne an. Stehen laktose- oder glutenfreie Gerichte auf der Wunschliste, stellt sich das Kochteam darauf ein. Nur der Wunsch nach Koffeingetränken wird nicht erfüllt. Dafür kann das Resort nicht nur mit Naturheilkunde dienen, sondern auch mit Hydrotherapie, Massage, Fango und sportlichen Aktivitäten dafür sorgen, dass jeder Gast seinem individuell gesteckten Ziel mit der Ayurveda-Kur ganz nahekommt.

www.fitreisen.de/devaaya

REISGERICHT MIT KURKUMADUFT

❋

Chefkoch Singh mag dieses wärmende Gericht selbst am liebsten zum Frühstück: »Es gibt Energie für den ganzen Tag.«

ZUTATEN

- 150 g Mungbohnen
- 300 g Reis
- Salz
- 2 Stangen Lauch
- 1 Knoblauchzehe
- 90 ml Butterschmalz (Ghee)
- 1 TL Kreuzkümmelpulver
- ½ TL Kurkumapulver

ZUBEREITUNG

1. Mungbohnen und Reis waschen, separat in wenig Salzwasser einmal aufwallen lassen, abgedeckt so lange köcheln, bis die Mungbohnen ganz weich sind und der Reis fast verkocht ist. Zwischendurch bei Bedarf heißes Wasser nachgießen.
2. Lauch putzen, in hauchdünne Ringe schneiden, Knoblauchzehe abziehen, fein hacken. Butterschmalz in einem großen Topf erwärmen, Kreuzkümmelpulver unterrühren, Lauch und Knoblauch mehrere Minuten bei mittlerer Hitze darin glasig dünsten.
3. Mungbohnen und Reis abgießen, unterrühren, Kurkuma unterziehen, bei Bedarf nachsalzen. In Schüsselchen umfüllen und gleich servieren.

KNACKIGER GEMÜSESALAT

❖

Chefkoch Abhishek widerspricht der Wahrnehmung, dass ayurvedische Küche immer ein bisschen indisch sein müsse. Für diesen Gemüsesalat verwendet er Olivenöl und essbare Blüten.

ZUTATEN

- 1 mittelgroßer Brokkoli
- 2 Möhren
- ½ Bund Rucola
- 4 Kirschtomaten
- ½ Bio-Orange
- 2 EL Olivenöl extra vergine

- Salz und schwarzer Pfeffer aus der Mühle
- 1 TL Weißweinessig
- 1 EL Sonnenblumenkerne
- Essbare Blüten zum Garnieren

ZUBEREITUNG

1. Stängel des Brokkoli schälen, fein hacken, Röschen abtrennen. In wenig Wasser 2-3 Minuten blanchieren. Möhren schälen, von einer Möhre mit dem Sparschäler Streifen abziehen, die andere fein schneiden. Rucola putzen, kalt abbrausen, trocken schütteln. Kirschtomaten waschen, halbieren.

2. Schale der Orange abreiben, Orange pressen, beides mit Oliven öl, Salz und Pfeffer und Weißweinessig zu einem cremigen Dressing verquirlen. Gemüse auf Tellern anrichten, mit Dressing beträufeln, mit Sonnenblumenkernen und Blüten nach Wunsch garnieren.

TIPP Chefkoch Abhishek hat hier Wandelröschenblüten als essbare Dekoration verwendet. Kresseblüten sehen ebenfalls sehr schön dazu aus und geben eine pikante Würze.

Indien

Chefkoch Abhishek

»Essbare Blüten sind schön –
und gesund.«

ATMANTAN WELLNESS CENTRE

Die beste Spa-Küche Asiens in atemberaubender Landschaft

Wellness ist ein großes und manchmal auch etwas überstrapaziertes Wort. Doch in diesem Resort - einem der luxuriösesten in ganz Indien - wird es gelebt. Die Produkte für die ausgezeichnete Küche kommen aus dem hoteleigenen Biogarten oder von Bio-Bauern aus der Region. Der holistische Ansatz ist überall spürbar, vor allen Dingen in dem Wunsch, man möge ein gutes Leben führen. Ein Leben, das Potentiale ausschöpft, das nur einen leichten ökologischen Fußabdruck auf der Erde hinterlässt, und eines, das in der Gemeinschaft Gleichgesinnter besonders angenehm ist.

Das Atmantan besticht auch durch seine zeitlose Architektur. Eine Privatvilla mit eigenem Infinity-Pool und Blick auf den Mulshi-See, Gästezimmer, die in weitläufigen Gärten liegen, eine Innenausstattung, die modernen Geschmack mit angenehmer Wohnlichkeit verbindet – hier lässt es sich vorzüglich entspannen. Dazu stehen Fitness, Yoga, Physiotherapie und Spa-Anwendungen auf dem Programm und der Genuss der natürlich ayurvedischen Küche.

Chefkoch Abhishek gibt dazu eigens Kochkurse. »Ich möchte den Gästen etwas vermitteln, was sie nach Hause mitnehmen können.« Köstlich-gesund ist seine Küche, er vertraut auf die Aromatik von frischen Kräutern, süßt mit Honig und Jaggery und schätzt Qualitätsprodukte wie kalt gepresstes Olivenöl. »Am liebsten bereite ich die Gerichte so schonend wie möglich zu«, erklärt er. »Beim Dämpfen und Garen wird der natürliche Geschmack erhalten, der dann nur noch wenig Gewürze braucht.«

Chefkoch Nidhish

»Ich bin jung, reisefreudig und von Ayurveda-Rezepten fasziniert.«

Indien

ANANTYA RESORT

Entspannung pur inmitten von Seerosenteichen

Der Anblick einer atemberaubenden Landschaft kann wohltuend auf Körper, Geist und Seele wirken. Im Anantya wird dem Auge viel geboten. Das Resort liegt direkt am Chittar See und blickt geradewegs auf das beeindruckende Westghats-Gebirge. Dazu lädt das Restaurant an den Seerosenteichen zu Genuss unter freiem Himmel ein.

Auch die ayurvedischen Angebote sind von höchster Qualität. Das Ayurveda-Center arbeitet mit renommierten Ärzten und Therapeuten der Pankajakasthuri-Gruppe, die Krankenhäuser, Schulen und Panchakarma-Zentren in ganz Indien betreibt. Das Resort wurde 2016 zum Best Destination Resort gewählt und erfreut sich nicht nur bei TripAdvisor großer Beliebtheit, sondern auch bei Paaren, die hier stilvoll Hochzeit feiern. Yoga-Freunde sind hier ebenfalls gut aufgehoben.

Chefkoch Nidhish sorgt mit seinen Wohlfühl-Menüs zwischen Tradition und Weltoffenheit für die richtige Würze und Spannung. Auslandsreisen vermittelten ihm das Gespür für moderne Gerichte. Der ständige Austausch mit den Ayurveda-Ärzten vor Ort verhalf ihm zu seinem Wissen über traditionelle Kräuter und Gewürze und wie sich diese doshagerecht zu einem köstlichen Ganzen vereinen lassen.

www.fitreisen.de/anantya-resort

KNUSPRIGER WÜRZTOFU MIT KOKOSRASPEL

Die Gewürze in diesem Gericht enthalten wichtige Spurenelemente und sind so perfekt abgestimmt, dass sich selbst Skeptiker in Tofu verlieben.

ZUTATEN

- 100 g fester Tofu
- 50 g grüne Bohnen
- 3 kleine Schalotten
- 1 Knoblauchzehe
- 1 cm Ingwerwurzel
- 2 EL Pflanzenöl
- 1 Stängel Curryblätter
- 1 TL Chilipulver
- 2 TL Korianderpulver
- ½ TL Kurkumapulver
- 1 TL Fenchelsamen
- 2 TL Garam Masala
- 50 g ungesüßte Kokosraspel
- Salz und schwarzer Pfeffer aus der Mühle

ZUBEREITUNG

1. Tofu in Küchenhandtuch wickeln, mit einem Topf beschweren, um ihm Wasser zu entziehen.
2. Grüne Bohnen putzen, waschen, halbieren. Schalotten und Knoblauchzehe abziehen, fein hacken. Ingwer schälen, fein reiben. Pflanzenöl in einer großen Pfanne erhitzen. Schalottenstückchen bei leichter Hitze etwa 5 Minuten dünsten, bis sie etwas Farbe annehmen.
3. Knoblauch, Ingwer und Curryblätter unterrühren und bei leichter Hitze 5 Minuten anschwitzen. Chili, Kurkuma, Fenchel und Garam Masala unterrühren und kurz mitgaren, bis sich ihr Aroma entfaltet. Bohnen unterrühren.
4. Kokosraspel unterrühren. Tofu würfeln, unterrühren, alles salzen und pfeffern, bei mittlerer Hitze mehrere Minuten garen, bis der Tofu knusprig wird.

TIPP Garam Masala ist eine Gewürzmischung, die Sie im Asialaden bekommen.

WÜRZKÜCHLEIN (DHOKLA) MIT CHUTNEYS NACH BELIEBEN

Dieses klassische Finger Food aus Gujarat ist wunderbar aromatisch und leicht verdaulich.

ZUTATEN

- 250 g Hirse
- 450 ml Joghurt
- Salz
- 1 cm frische Ingwerwurzel
- ½ Zitrone
- 1 TL Kurkumapulver
- 2 TL grüne Chilipaste
- 2 TL Backnatron
- 1 Bund Koriandergrün
- 4 EL Pflanzenöl
- 3–4 frische Chilis
- 2 EL Senfsaat

ZUBEREITUNG

1. Hirse mit Joghurt in einer Schüssel durchrühren, leicht salzen, abgedeckt 4 Stunden gehen lassen. Ingwerwurzel schälen, reiben, Zitrone pressen, mit Kurkumapulver, Chilipaste und Backnatron unterrühren. Bei Bedarf zerdrücken bis ein Teig entsteht.
2. Einen Dampfkorb mit Alufolie auslegen, einölen und mit der Masse befüllen. In einen Topf mit heißem Wasser setzen, etwa 15 Minuten dämpfen, bis ein lockerer Kuchen entstanden ist.
3. Koriandergrün fein hacken, Chilis längs halbieren. Restliches Öl erhitzen, restliche Zutaten kurz darin erwärmen. Kuchen aus der Garform lösen, in Stücke schneiden, mit Öl beträufeln.

TIPP Chefkoch Rajkumar Murugan empfiehlt dazu ein grünes Chutney mit Korianderblättchen, gerösteten Erdnüssen, Zitronensaft und Kurkuma.

Chefkoch Murugan

»Meine Art zu kochen ist bewusst traditionell und gibt viel Energie.«

Indien

COCO LAGOON BY GREAT MOUNT RESORT

Unverfälschter Geschmack vom offenen Feuer

Auf 1000 Metern Höhe gelegen und eingebettet in einen Kokoshain liegt das Resort, das für sein angenehmes Klima und seinen parkähnlichen Garten berühmt ist. Neben Rückzug und Entspannung hält das Haus ein buntes Unterhaltungsprogramm für seine Gäste bereit, darunter Theater- und Musikdarbietungen im Amphitheater, ein Bad im »Blue Bay« Infinitiy-Pool und Erkundungstouren durch die Umgebung. Besonders der Hindu-Tempel Perur Pateeswarar oder Ausflüge in den Nationalpark Parambikulam, der durch seine Tiger-Population berühmt wurde, sind beliebte Ziele.

Traditionelle Ayurveda-Anwendungen in einem gehobenen Ambiente sorgen für nachhaltige Erholung und geben Inspirationen für den Alltag mit. Diese können auch kulinarischer Art sein. Chefkoch Murugan lernte die Grundzüge der ayurvedischen Ernährung von seiner Großmutter und arbeitete sich im Resort bis zum Küchenchef hoch. Kochen ist und bleibt seine Leidenschaft, denn »ich weiß, dass wir mit unserer Küche Gästen nachhaltiges Wohlbefinden schenken.« Dass er auf offenem Feuer kocht, weil das den Geschmack unverfälscht entwickelt, ist nur eine der Überraschungen, mit denen die Küche aufwartet. Seine Kochkunst wird auch auf den Zimmern serviert.

KERALA

An der Südwestspitze Indiens liegt ein Bundesstaat mit einer ganz eigenen Aura: Kerala. Er erstreckt sich über fast 600 Kilometer entlang der tropischen Malabar-Küste. »God's own Country« heißt die Region im Volksmund. Besser lässt sich die Ansammlung an kulturellem Reichtum und die berauschende Natur kaum beschreiben.

Ursprünglich und landschaftlich reizvoll ist der Norden des Staates. An der Küste, von Kozhikode (früher: Calicut) bis Karnataka, liegen Fischerdörfer aufgereiht wie Perlen an einer Kette. Im Osten erheben sich die immergrünen Westghats, eine Art Märchenwald mit artenreichem Naturpark, an dessen Hängen Gewürze, Tee und Kaffee angebaut werden.

Die Backwaters von Kerala im Süden des Bundesstaats sind pittoresk, üppig begrünt und weltberühmt. Das verzweigte Wasserstraßennetz umfasst diverse Seen und Lagunen sowie rund 1500 Kilometer angelegte Kanäle und natürliche Flussläufe. Beim Vorbeischippern an alten Palastbauten, Dörfern und Plantagen ergibt sich ein besonderer Blick in das Leben der Menschen dort. Die aromatische Vielfalt der Früchte und Gewürze, die hier gedeihen, sind schon seit der Antike bekannt: Zimt, Nelken, Tamarinde und Pfeffer wurden später auf der Gewürzroute in die ganze Welt exportiert. Der Strandort Kovalam, die hinduistische Pilgerstätte Varkala und Trivandrum, die Hauptstadt Keralas, sind spannende Ausflugsziele.

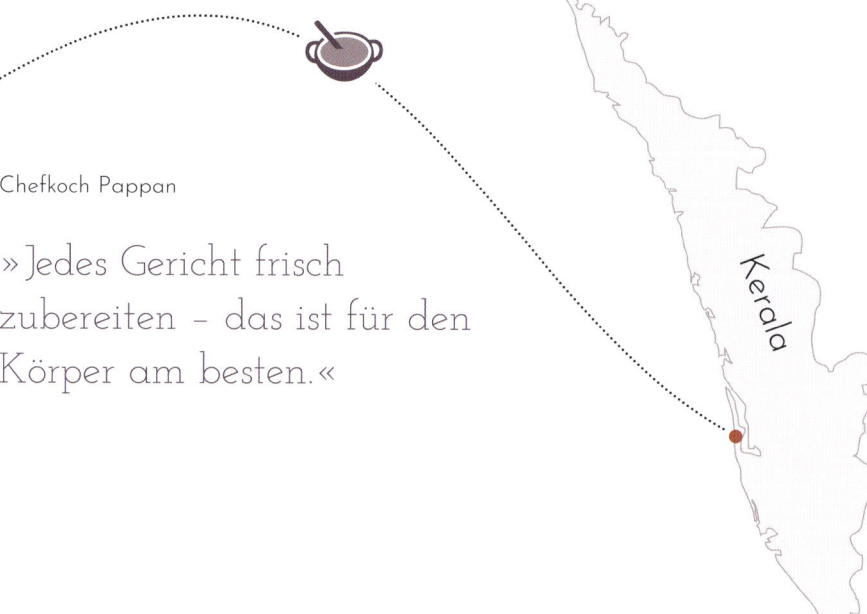

Chefkoch Pappan

»Jedes Gericht frisch zubereiten – das ist für den Körper am besten.«

Kerala

ABAD TURTLE BEACH RESORT

Seele baumeln lassen im Beach Cottage Resort

Entspannen mit Ayurveda in perfekter Strandlage im komfortablen Beach Cottage – das bietet das Abad Turtle Beach Resort. In diesem idyllischen Hotel, das malerisch in ein kleines Fischerdorf eingebettet ist, geht es ganz bewusst etwas ruhiger und entspannter zu. Das mit dem ökologischen Green Leaf Award ausgezeichnete Ayurveda-Center ist klein, aber sehr persönlich. Gäste können sich hier bei einer Verjüngungskur oder einer klassischen Panchakarmakur nachhaltig erholen und wieder ins Gleichgewicht finden.

Kulinarisch verwöhnt die Genussküche von Chefkoch Pappan. Früher war er viel unterwegs, kochte auf einem britischen Kreuzfahrtschiff und in den besten Hotelresorts seines Heimatlandes. Doch erst in der ayurvedischen Küche fand er seine Berufung. »Diese Art zu kochen kann jedem von uns zu einem gesünderen Leben verhelfen.« Auf den Speiseplan des Open-Air-Restaurants kommen vielfach Produkte aus dem hoteleigenen Biogemüsegarten. Bei dem bewusst schlicht, aber ansprechend gehaltenen Architekturstil der Cottages, die im palmengesäumten Garten verstreut sind, findet auch das Auge erholsame Ruhe. Pärchen vergeben für die gebotene Privatsphäre des Resorts Bestnoten.
Das Schwesterhotel Abad Harmonia liegt weiter im Süden von Kerala.

www.fitreisen.de/abad-turtle-beach

48

SALAT MIT GRÜNER PAPAYA UND KOKOSNUSS

Papaya verwendet man in Asien im unreifen Zustand als Gemüse, im reifen Zustand als Frucht.

ZUTATEN

- 1 Schalotte
- 1 grüne Papaya
- 4 Kaffirlimettenblätter
- 70 ml Kokosöl
- 1 EL Senfsaat
- 1–2 Chilis
- ½ TL Kurkumapulver
- 1 Msp. Chilipulver
- ¼ frische Kokosnuss, gerieben
- Salz

ZUBEREITUNG

1. Schalotte abziehen, fein hacken. Papaya längs halbieren, Kerne herauslöffeln, schälen, fein hacken. Von den Kaffirlimettenblättern den Blattstrunk entfernen, Blättchen aufrollen, ganz fein schneiden.
2. Kokosöl in einer großen Pfanne erhitzen, Senfsaat, Chilis, Kurkuma- und Chilipulver etwas erwärmen. Restliche Zutaten unterrühren, salzen, abgedeckt mehrere Minuten köcheln, bis die Papaya etwas weicher ist. Auf einem Teller anrichten.

TIPP

Chefkoch Santhosh Pappan empfiehlt als Beilage Naturreis. Grüne, unreife Papaya und Kaffirlimettenblätter gibt es im Asialaden.

SPINAT-KOKOS-GEMÜSE

Dieses »Thoran« genannte Gemüsegericht ist in ganz Kerala beliebt. Es ist verdauungsfördernd und besonders gut für eine Detox-Ernährung geeignet.

ZUTATEN

- 250 g Spinatblätter
- 5 kleine Schalotten
- 1–3 Knoblauchzehen
- 1 grüne Chili
- 100 g ungesüßte Kokosraspel
- ½ TL Kreuzkümmel
- 1 Msp. Chilipulver
- 1 Msp. Senfsaat
- 1 TL Kokosöl
- 5 Curryblätter
- Salz

ZUBEREITUNG

1. Spinat verlesen, gründlich waschen, gut abtropfen lassen. Schalotten und Knoblauchzehen abziehen, fein hacken. Chili fein hacken, Kerne auf Wunsch entfernen.

2. Kokosraspel mit Chili- und Knoblauchstückchen, Chilipulver und Kreuzkümmel zerdrücken.

3. Kokosöl in einer tiefen Pfanne erhitzen. Senfsaat bei leichter Hitze rösten, bis sie aufplatzt. Curryblätter und Schalottenstückchen unterrühren und bei mittlerer Hitze mehrere Minuten glasig dünsten.

4. Spinatblätter unterrühren und dünsten, bis das Wasser verdampft ist. Salzen, gewürzte Kokosraspel unterrühren, einmal aufwallen lassen, dann mehrere Minuten durchrühren und warm servieren.

TIPP   Getrocknete Curryblätter können Sie einfrieren.

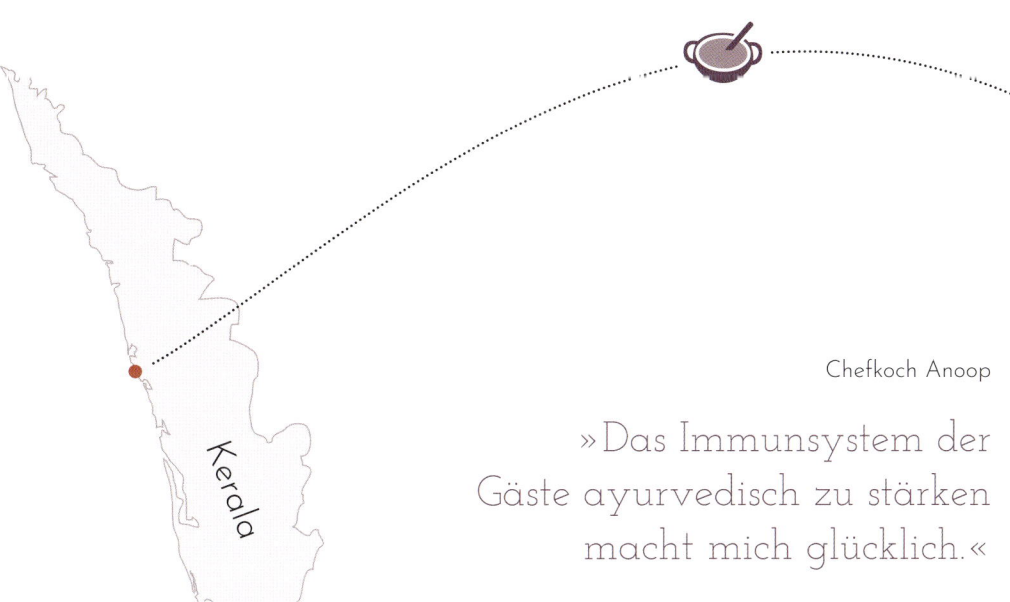

Kerala

Chefkoch Anoop

»Das Immunsystem der
Gäste ayurvedisch zu stärken
macht mich glücklich.«

MEIVEDA AYURVEDA BEACH RESORT

Entzückendes Resort an einem
unberührten Strand

Die üppige Vegetation einerseits, ein selten praktizierter Ayurveda-Stil andererseits
locken Gäste ins Meiveda Ayurveda Beach Resort. Und natürlich die mild gewürzte
Küche von Chefkoch Anoop. Er ist selbst in einem Ayurveda-Kurhaus aufgewachsen, das sein Vater und sein Großvater führten. So lernte er schon früh, auf die
sonst in der indischen Küche so beliebten Farbstoffe in den Speisen zu verzichten.
Sie machen Gerichte zwar schön bunt, »aber gesund sind sie nicht«, bekräftigt er.
Gesundheit ist sein großes Anliegen. Dafür hat er sich über die Jahre in vielen Kochkursen weitergebildet. »Die unglaubliche Vielfalt ayurvedischer Küche habe ich erst
mit der Zeit kennengelernt«, sagt er. Beim Kochen hat er den Einsatz von Ölen auf
ein Minimum zurückgeschraubt – auch nicht typisch indisch.

Gäste werden mit der Kalari Ayurveda Methode behandelt, die außerhalb von
Kerala selten zum Einsatz kommt, dem Marma-Nadi-System. Besonders sensible
Punkte im Körper (marma) werden in Verbindung mit Kraftlinien (nadi) gesetzt.
Die Existenz dieser Punkte wird bereits in sehr alten, ayurvedischen Überlieferungen
beschrieben. Das System soll der Bewegungsfreiheit sowie der Schmerzlinderung
dienen und optimiert den Energiefluss.

Erholung finden Urlauber inmitten der üppigen Vegetation oder bei einem Spazier-
gang durch die idyllische Gartenanlage direkt bis zum Strand. Bei seiner Architektur
setzt das Resort ganz auf Tradition: Die alleinstehenden Chalets sind im klassischen
Kerala-Stil erbaut.

Kerala

Chefkoch Rakesh

»Am liebsten Bio, Öle und Gewürze nur sparsam verwenden.«

SOMA KERALA PALACE

Ausgezeichnetes Ayurveda in historischen Herrschaftshäusern

Sich wieder fit und jung fühlen und dies in einer Art Museumsdorf erreichen, klingt für viele Menschen wie ein Traum. Tatsächlich stammen die wie Paläste anmutenden Villen und Häuser des Resorts aus einer anderen, längst vergangenen Zeit, wurden liebevoll restauriert und wiederaufgebaut. Schon die Anreise entführt in eine andere Welt, denn Gäste werden vom Festland per Boot in die Gartenanlage gebracht. Ein majestätisches Ambiente strahlen diese Backwaters aus. Das Ayurveda-Centre wurde mehrfach ausgezeichnet, beispielsweise mit dem Ayurveda SPA Europa Certificate und dem Green Leaf Award. Ayurveda ohne Yoga ist nach dem Verständnis des Hauses nicht denkbar. Ein tägliches Yogaprogramm unter Leitung eines traditionell ausgebildeten Lehrers gehört daher fest zum Programm.

Auch kulinarisch hat Chefkoch Rakesh eine ganz eigene Philosophie gefunden. Gerade im Geburtsland der Gewürze plädiert er für deren behutsame Dosierung. »Am wichtigsten ist mir, dass Gerichte nicht zu lange kochen, damit die wertvollen Nährstoffe und Vitamine erhalten bleiben.« Die Zubereitung erfolgt in irdenen Gefäßen und Bronzebehältnissen – Herr Rakesh lässt sich dabei gern über die Schulter schauen.

Übrigens: Wer den Kuraufenthalt mit einem Strandurlaub verbinden möchte, ist in den Schwesterhotels Somatheeram und Soma Manaltheeram richtig aufgehoben.

www.fitreisen.de/soma-kerala-palace

OKRASCHOTEN MIT ZARTER SCHÄRFE

Dieses Gemüsecurry können Sie problemlos zu Hause nachkochen; auch Okraschoten gibt es mittlerweile im gut sortierten Supermarkt.

ZUTATEN

- 500 g Okraschoten
- 2 Schalotten
- 2–3 grüne Chilischoten
- 2 EL Kokosöl
- 1 TL Senfsamen

- 1 TL Urdbohnen (auf Wunsch)
- 1 Stängel Curryblätter
- 1 Msp. Kurkumapulver
- ½ TL Chilipulver

ZUBEREITUNG

1. Okraschoten kalt abbrausen, den Strunk entfernen, in Streifen schneiden. Schalotten abziehen, fein hacken. Chilischoten längs halbieren, Samen auf Wunsch für mildere Schärfe entfernen, Schoten fein hacken.

2. Die Hälfte des Kokosöls in einer Pfanne erhitzen. Okraschoten von allen Seiten bei mittlerer Hitze anbraten, bis sie nach einigen Minuten nicht mehr schleimig sind. Aus der Pfanne heben, beiseitestellen.

3. Restliches Kokosöl erhitzen. Senfsamen und Urbohnen, falls verwendet, im heißen Öl aufplatzen lassen, Curryblätter und Schalotten unterrühren, bei leichter Hitze 5 Minuten dünsten, bis die Schalotten Farbe annehmen. Restliche Zutaten unterrühren, ohne Deckel 4 Minuten durchwärmen. Mit Reis servieren.

TIPP — Okraschoten können Sie ungekocht ein Jahr lang eingefroren aufbewahren.

BASENSÜPPCHEN MIT LIMETTENZEST

Würzen Sie dieses leicht verdauliche Gemüsesüppchen nach Belieben

ZUTATEN

- 1–3 (frische) Knoblauchzehen
- 2 cm frische Ingwerwurzel
- 1 Schnitz Kürbis (ca. 100 g) nach Wunsch
- 10 grüne Bohnen
- 4 Blätter Grünkohl
- ¼ Salatgurke
- 6 Okraschoten
- 1 TL Kokosöl
- 1 TL Sonnenblumenöl
- 1 Msp. Kurkumapulver
- 1 EL (schwarze) Senfsaat
- 1 Bio-Limette
- 6 Stängel Koriandergrün
- 1 Stängel Curryblätter Blüten zum Garnieren (nach Belieben)

ZUBEREITUNG

1. Knoblauchzehe(n) abziehen, fein hacken. Ingwerwurzel schälen, fein hacken. Kürbis bei Bedarf schälen, hacken. Bohnen putzen, vierteln. Grünkohlblättchen von den Strünken zupfen (Strünke nicht verwenden). Salatgurke schälen, längs vierteln, Kerne herausschaben, hacken. Okraschoten kalt abbrausen, Strunk entfernen, fein hacken.

2. Öle in einer Pfanne erhitzen. Kurkuma und Senfsaat einige Minuten erwärmen, bis die Senfsaat aufplatzt. Knoblauch- und Ingwerstückchen bei leichter Hitze 2 Minuten glasig dünsten. 3 Liter heißes Wasser angießen, alle Gemüse unterrühren, abgedeckt 15 Minuten köcheln lassen.

3. Limettenschale fein reiben, Koriander- und Curryblätter abzupfen. Süppchen salzen, bei Wunsch pürieren, Limettenschale unterrühren, mit Kräutern und essbaren Blüten garnieren.

TIPP · Chefkoch Pillai empfiehlt als Alternative Brokkoliröschen.

Kerala

Chefkoch Ashok Pillai

»Aus meiner Küche
direkt in Ihr Herz.«

CARNOUSTIE AYURVEDA & WELLNESS RESORT

Preisgekröntes Wellness-Paradies mit Blick auf das Arabische Meer

Wer sich für Ayurveda in Kombination mit anderen holistischen Heilungsansätzen interessiert, ist in diesem luxuriösen Wellness-Resort bestens aufgehoben. Zuletzt wurde es 2017 im prestigeträchtigen Forbes Magazin unter die Top Fünf der Wellness-Retreats für ultimative Erholung gewählt. Ein Team von drei Ayurveda-Ärzten und 22 Therapeuten praktiziert einen holistischen Heilungsansatz. Beim »Holistic Healing Retreat« werden diverse Naturheilverfahren zu einem einzigen, überaus wirksamen Kurverfahren kombiniert. Auch die Lage des Resorts direkt am Marari-Strand und die weitläufige, begrünte Hotelanlage mit Flora und Fauna vermitteln Entspannung für alle Sinne. Das ökologisch durchdachte Konzept will Gäste mit der Natur in Balance bringen: Erneuerbare Energien einerseits, geschmackvoller Komfort andererseits. Das einzigartige Ökosystem lässt sich auch im stilechten Hausboot erkunden.

Küchenchef Pillai ist mit Ayurveda aufgewachsen. Nach fast zwei Jahrzehnten in der Touristikbranche besann er sich auf seine ursprüngliche Leidenschaft und machte sich mit der ayurvedischen Kochkunst vertraut. Dabei kocht er durchaus innovativer als andere und scheint auch dem deutschen Sinnspruch aufgeschlossen, nach dem Liebe durch den Magen geht. Seine Küche geht »direkt ins Herz«

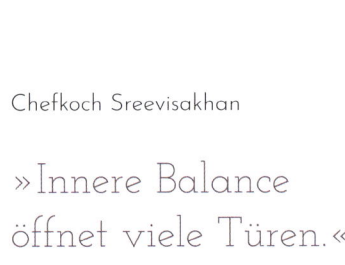

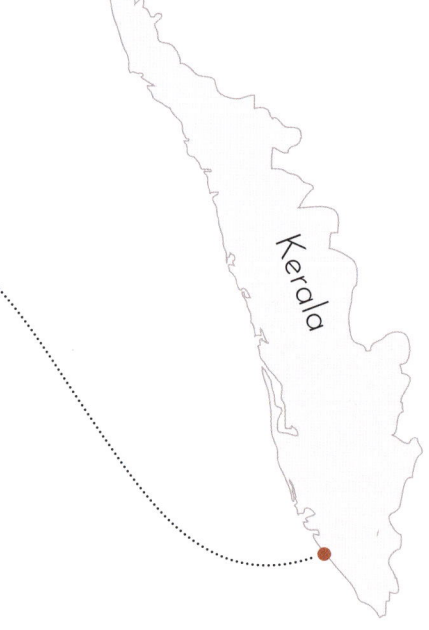

Kerala

Chefkoch Sreevisakhan

»Innere Balance
öffnet viele Türen.«

KADALTHEERAM AYURVEDIC BEACH RESORT

12 Zimmer und ein sehr persönlicher Service

Der Ozean ist immer präsent in diesem Resort, immerhin sind es höchstens 50 Schritte, bis man durch den tropischen hauseigenen Garten zum Fischerstrand gelangt ist. Deshalb verbringen die Gäste auch so viel Zeit wie möglich draußen, in einer lauschigen Atmosphäre, in der Hängematte, beim Meditieren, beim Träumen. Chefkoch Sreevisakhan hat in Indien und Miami studiert, im berühmten Hotel Oberoi in Mumbai eine Kochlehre erhalten und lange Jahre auf den edelsten Kreuzfahrtschiffen Gäste verwöhnt. Doch hier kann er, der selbst aus einer ayurvedisch lebenden Ärztefamilie stammt, seine Leidenschaft für ayurvedische Küche ausleben. Das Wissen, das er sich in Küchen und im Gespräch mit Spezialisten gleichermaßen aneignen konnte, ist beeindruckend und für die Gäste des Resorts eine alltägliche Wohltat. Nicht nur die Gerichte werden doshagerecht zubereitet, auch die Getränke, die während des Tages gereicht werden, unterliegen diesen Vorgaben.

Das Ärzte- und Therapeutenteam hat sich der intensiven Beratung und der Anwendung authentischer Ayurvedamethoden verschrieben. Auch Yoga wird empfohlen, als Teil der Morgenroutine und in der Hoffnung, dass dieses Ritual auch zu Hause nachhaltig in den Lebensstil eingebaut wird. Der Ort eignet sich perfekt als Ausgangspunkt für Ausflüge, beispielsweise in den Periyar-Nationalpark, auf Teeplantagen und in den Nachbarstaat Tamil Nadu.

www.fitreisen.de/kadaltheeram

KHICHDI

Indiens beliebtestes Reisgericht, ein Wohlfühlessen wie bei uns Milchreis.

ZUTATEN

- 100 g geschälte Mungbohnen
- 100 g Reis
- 100 g grüne Bohnen
- 3 EL Butterschmalz oder Ghee
- ½ TL Kreuzkümmelsamen
- ½ TL Senfsamen
- 1 Msp. Kurkumapulver
- Salz
- 2 Tomaten
- 1 frische, grüne Chili
- 3 cm frische Ingwerwurzel
- 6 Stängel Koriandergrün

ZUBEREITUNG

1. Reis und Mungbohnen in kaltem Wasser waschen, 30 Minuten einweichen, abgießen. Bohnen putzen, fein schneiden. Ghee in einem großen Topf erwärmen, Kreuzkümmel- und Senfsamen erhitzen, bis die Senfsamen platzen. Reis, Mungbohnen und grüne Bohnen unterrühren, mit Kurkuma und Salz würzen. Heißes Wasser angießen, dass die Reis-Bohnen-Mischung gut bedeckt ist. Einmal auf kochen lassen.

2. Abgedeckt bei leichter Hitze etwa 20 Minuten weich köcheln, zwischendurch bei Bedarf portionsweise Wasser angießen. Bei Bedarf nachsalzen. Tomaten halbieren, entkernen, fein würfeln. Chili waschen, längs halbieren, Samen für weniger Schärfe entfernen, fein hacken. Ingwerwurzel schälen, reiben, Koriandergrün kalt abbrausen, Blättchen abzupfen.

3. Zum Servieren auf tiefe Teller verteilen, mit Ingwerwurzel bestreuen, mit Korianderblättchen garnieren.

TIPP Probieren Sie dieses Gericht im Winter als wärmendes Abendessen.

GEWÜRZKÜRBIS

Kaufen Sie die Gewürze vor Ort, dann können Sie dieses aromatische Gericht ganz problemlos in der heimischen Küche zubereiten.

ZUTATEN

- 300 g Kürbisfleisch nach Wunsch
- 1 Haushaltszwiebel
- 1 Knoblauchzehe
- 2 cm frische Ingwerwurzel
- 1 frische, grüne Chili
- 3 EL Kokosöl
- 1–4 ganze, getrocknete Chilis
- 1 TL Bockshornkleesamen

- 1 EL Koriandersamen
- 1 TL Fenchelsamen
- ½ TL Asant (Asialaden, Internet)
- Salz
- 1 reife Tomate
- Korianderblättchen zum Garnieren

ZUBEREITUNG

1. Kürbis schälen, würfeln. Zwiebel und Knoblauch abziehen, fein hacken. Ingwerwurzel schälen, fein reiben. Frische, grüne Chili waschen, längs halbieren, für weniger Schärfe Samen entfernen, fein hacken. Öl in einer großen Pfanne erhitzen.
2. Zwiebel- und Knoblauchstückchen im Öl bei mittlerer Hitze 5 Minuten glasig dünsten, Ingwer und Chili unterrühren, kurz erwärmen. Kürbiswürfel unterrühren. Abgedeckt bei leichter Hitze etwa 15 Minuten weich köcheln (bei Bedarf esslöffelweise heißes Wasser angießen).
3. Ganze Chilis und restliche Gewürze unterrühren, salzen. Tomate mit heißem Wasser überbrühen, Haut abziehen, halbieren, Kerne entfernen, fein würfeln. Korianderblättchen kalt abbrausen.
4. Kürbis auf Teller verteilen und mit Tomatenwürfeln und abgezupftem Koriander garnieren.

TIPP Asant (auf Englisch: asafoetida) hat ein an Lauch und Zwiebeln erinnerndes Aroma und ist typisch für die indische Gemüseküche.

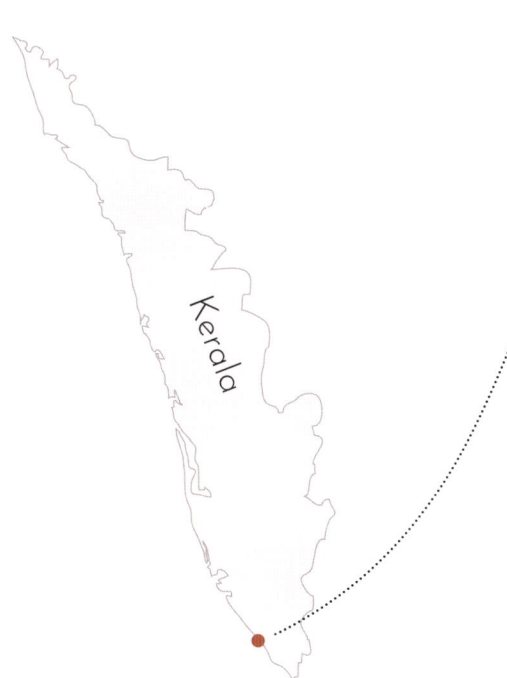

Chefkoch Khan

»Ayurvedisches Kochen
wurde mir in
die Wiege gelegt.«

SOMA MANALTHEERAM AYURVEDA BEACH VILLAGE

Ganzheitliche Ayurveda-Anschauung für innere und äußere Schönheit

Inmitten eines tropischen Gartens gelegen, erinnert der Baustil des Soma Manaltheeram an die traditionelle Architektur Keralas. Modern ist dagegen das Verständnis von Ayurveda, das im Resort gelebt wird: Ganzheitlichkeit ist hier Programm. Yoga, Meditation und Ayurveda-Anwendungen gehen Hand in Hand, doch zur inneren Ausstrahlung und Balance gesellt sich die äußere Schönheit. Die Ayurveda Beautyfarm verwöhnt ganz individuell, abgestimmt auf den Dosha-Typ. Die begleitende Kräutermedizin wird im Resort zubereitet.

Den Dosha-Typ hat auch Chefkoch Khan im Sinn. Für ihn sind ayurvedische Werte so etwas wie Familienwerte, denn er wurde selbst von Kindesbeinen an ayurvedisch ernährt. Seit 15 Jahren verwöhnt er Gäste im Resort, das im Jahr 2015 zusätzlich zum Green Leaf Award auch den Preis als »Bestes Ayurveda- und Wellnesscenter« erhielt. »Ich koche, was gesund ist, gesundmacht und dabei köstlich schmeckt«, ist sein Anspruch, den er täglich an sich selbst stellt und der sein Lebenselixier ist.

Die deutschsprachige Betreuung und die Lage unter Palmenhainen direkt am Meer tun ihr Übriges, dass Gäste sich rundum wohlfühlen. Viele Ausflugsmöglichkeiten locken, beispielsweise in die Backwaters von Kerala. Doch auch das Resort selbst bietet mit Kochkursen und wechselnden kulturellen Veranstaltungen ein reizvolles Rahmenprogramm.

www.fitreisen.de/manaltheeram

Kerala

Chefkoch Raj

»Meine große Liebe ist
die vegetarische Küche.«

NIKKI'S NEST

Vegetarische Küche im Seaside-Resort

Maria Jacob ist die einzige Frau in Kerala, die allein ein Ayurveda-Resort leitet und sich überdies im Tierschutz stark macht. Von Beginn an war es ihr Ziel, Umweltschutz in die Unternehmensführung zu integrieren. So wird Regenwasser gesammelt und Trinkwasser aufbereitet. Die Küche kocht mit Biogas. Seit über 20 Jahren existiert das anheimelnde Haus mit Traumblick auf die malerische Küste nun.

Chefkoch Rajasekharan – jeder nennt ihn nur Raj– unterstützt seine Chefin in ihrem Engagement. Er ist von Anfang an dabei und hat über die Jahre einen großen Erfahrungsschatz in ayurvedischer Kochkunst angesammelt. Da er selbst Vegetarier ist, hat er am kulinarischen Konzept des Hauses voller Überzeugung mitgearbeitet. So bietet das Resort nur vegetarische Gerichte an und hat sich zudem auf Gäste eingestellt, die auf Gluten oder Laktose verzichten möchten.

Bereits 2003 wurde das Haus für seine authentischen Ayurveda-Kuren mit dem Green Leaf Award ausgezeichnet. Bis heute liegt Hotelchefin Jacob am Herzen, dass nicht nur die Anwendungen selbst, sondern auch das Ambiente des Hauses eine behagliche Traditionalität ausstrahlt. Trotz dieser vielen Vorzüge gelingt ihr eine sehr gute Preis-leistungsbilanz – ebenfalls ein Vorsatz der ersten Stunde: »Ich möchte, dass sich jeder die Wohltaten von Ayurveda leisten kann«, erläutert sie ihre Überzeugung.

www.fitreisen.de/nikkis-nest

KOKOSCURRY MIT KOCHBANANE

◈

Chefkoch »Raj« liebt Gemüse in jeder Form und lädt zum Variieren ein.

ZUTATEN

- 1 Aubergine
- 2 kleine Möhren
- 1 Kochbanane
- 2 mittelgroße Kartoffeln
- 4 grüne Bohnen
- ¼ Salatgurke
- Salz
- 1 gestr. TL Kurkumapulver
- 2 frische grüne Chilis
- 3 kleine Schalotten
- 100 g ungesüßte Kokosraspel
- 1 TL Kreuzkümmelsamen
- 2 EL Joghurt
- 1 EL Kokosöl

ZUBEREITUNG

1. Gemüse schälen, in Stifte schneiden, bei den Gurken die Kerne entfernen. Wenig Salzwasser in einem Topf erhitzen, erst Auberginen und Möhren einlegen, 2 Minuten köcheln lassen, dann restliche Gemüse. Mit Kurkumapulver bestreuen, gut durchrühren, abgedeckt 10 Minuten knackig kochen. Gurkenstreifen unterrühren.

2. Chilis längs halbieren, Samen für weniger Schärfe entfernen, hacken. Schalotten abziehen, hacken. Beides mit Kokosraspel, Kreuzkümmel und teelöffelweise warmem Wasser zu einer Paste pürieren.

3. In der Mitte des Topfs eine Vertiefung bilden, Kokosmus angießen, abgedeckt etwa 5 Minuten köcheln, bis das Gemüse bissfest, aber nicht zu weich ist. Durchrühren.

4. Zum Servieren in Schüsseln füllen. Joghurt und Kokosöl verrühren und darüber anrichten.

KERALA-CURRY MIT SPINAT UND KOKOSÖL

Ein feines Gemüsecurry mit einer überraschenden Zutat: einer unreifen Mango. Schmeckt so pikant, wie Sie mögen, ist gut für's Nervenkostüm und sehr vitaminreich.

ZUTATEN

- 250 g Möhren (oder Moringaschoten)
- 1 ungereifte, grüne Mango
- 1–3 frische, grüne Chilis
- 1 TL Kreuzkümmelpulver
- 2 EL Kokosöl
- 600 g Spinat
- 1 Msp. Kurkumapulver
- Salz

ZUBEREITUNG

1. Möhren schälen, längs halbieren, in Streifen von etwa einem Zentimeter Breite schneiden. Mango schälen, Streifen in der Breite der Möhren schneiden.
2. Chilis längs halbieren, für ein weniger scharfes Aroma die Samen entfernen, grob hacken und mit Kreuzkümmelpulver und Kokosöl zu einer Paste verrühren.
3. Spinat verlesen, zweimal in kaltem Wasser waschen, abtropfen lassen. Mit Möhren, Mango und Kurkuma in einer Pfanne abgedeckt einmal aufwallen lassen, etwa 10 Minuten bei leichter Hitze weich garen; bei Bedarf noch heißes Wasser angießen. Mit Kokosöl, Paste und Salz aromatisieren.

TIPP In Deutschland bekommen Sie das Pulver des Meerrettichbaums (Moringa oleifera), das aus den Blättern gewonnen wird, im Reformhaus oder im Internet.

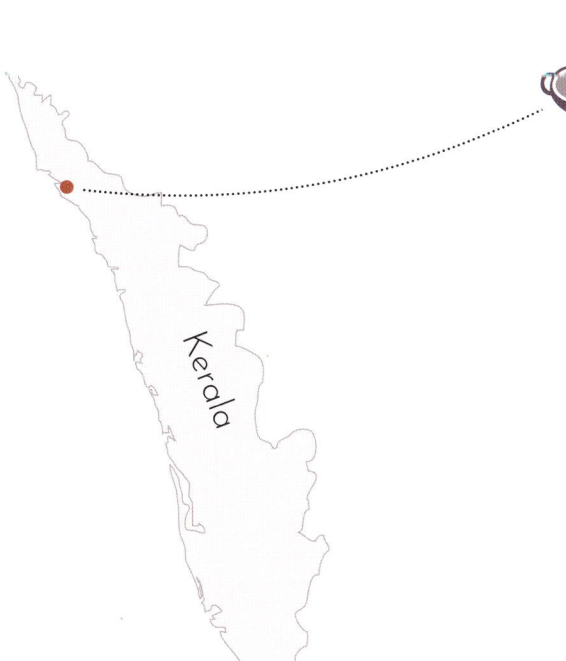

Kerala

Chefkoch Ragesh

»Die Vielfältigkeit
ayurvedischer Küche
motiviert mich
jeden Tag.«

MASCOT BEACH RESORT
Ayurveda am Arabischen Meer

Perfekte Fotomotive: Die traumhaften Ausblicke von dem auf einer Klippe gelegenen Mascot Beach Resort auf das Meer sind zu jeder Tageszeit faszinierend, mal romantisch, mal sturmumtost. Deshalb hat jedes Zimmer Meerblick. Die Hotelanlage – seit 1998 wird hier Ayurveda praktiziert – bietet vom Swimmingpool bis zu täglichen Yoga- und Meditationskursen alles, was die Genesung fördert. Ein praktischer Shuttle braucht nur wenige Minuten, um sonnenhungrige Urlauber zum nächsten Badestrand zu bringen.

Chefkoch Ragesh ist die kulinarische Seele des Hauses. Wenn man seine Geschichte kennt, überrascht das, denn eigentlich ist er studierter Historiker. »Traditionen haben mich schon immer interessiert«, klärt er den scheinbaren Widerspruch auf, »auch in der Küche.« Um sich mit der Heilkraft der ayurvedischen Speisen mit all ihren Facetten vertraut zu machen, ging er auf kulinarische Wanderschaft und erlernte in verschiedenen Golfstaaten den Umgang mit Gemüsen, Gewürzen und Kräutern. »Heute weiß ich, wie wichtig es ist, das Dosha unserer Gäste mit den richtigen Geschmacks- und Gewürzkombinationen wieder in Einklang zu bringen.«

Auch er glaubt fest an den Wahlspruch des römischen Dichters Juvenal, den dieser vor wohl 2000 Jahren formulierte: »In einem gesunden Körper wohnt ein gesunder Geist«. Im ayurvedischen Stil zu kochen, wird ihm daher nicht langweilig. »Auch nach 15 Jahren ayurvedischer Küche offenbart sich mir jeden Tag etwas Neues. Das finde ich spannend.«

Kerala

Chefköchin Sherin Joseph

»Eine individuell angepasste Ernährung hilft unseren Gästen sich besser zu fühlen.«

LINTA'S GOLDEN BEACH RESORT

An einem langen, goldenen Strand in Ayurveda eintauchen und abtauchen

Chefköchin Sherin Joseph ist zu beneiden. Sie entstammt einer Ayurveda-Familie und ist von klein auf mit der positiven Wirkung einer solchen Ernährung auf Körper und Immunsystem vertraut. Kein Wunder, dass sie eine leuchtende Ausstrahlung besitzt! Die lange Erfahrung in der Küche und mit den Gästen hat das Gelernte bestätigt. Daher achtet sie sorgfältig auf die Herkunft der Produkte und deren Zubereitung. So werden im Resort Gemüse biologisch-dynamisch angebaut und finden dann den Weg in ihre Heilküche. Dass die Gäste Ayurveda auch zurück in der Heimat in ihren Alltag integrieren, ist Josephs größter Wunsch. »Die tägliche Routine wirkt auf die Gesundheit wahre Wunder.«

Im großzügig angelegten Ayurveda-Zentrum, das mit einem Green Leaf Award ausgezeichnet ist, kümmert sich eine Ayurveda-Ärztin mit ihrem hochmotivierten Team um Erholungssuchende. Kräutermedizin wird direkt vor Ort zubereitet, Kuren sind auf den jeweiligen Gast zugeschnitten, die tägliche Yogastunde eine Selbstverständlichkeit.

Im wohnlichen, südindischen Baustil errichtet, vermittelt das gesamte Resort Ruhe und Entschleunigung. Die Zimmer sind mit Antiquitäten eingerichtet, die meisten haben Meerblick. Drei gepflegte Gärten laden zu romantischen Rundgängen unter Palmen ein. Der bernsteinfarbene Strand – das Resort liegt mitten in einem Fischerdorf – empfiehlt sich besonders zur blauen Stunde oder bei Morgengrauen.

www.fitreisen.de/lintas-golden-beach

KERALAS NATIONALGERICHT MIT VIEL GEMÜSE

❈

Wenn Sie Avial in Deutschland nachkochen, greifen Sie auf Kürbis, Süßkartoffeln und Möhren zurück oder variieren das Gericht mit Yamswurzel (im Asialaden).

ZUTATEN

- 1½ Salatgurke
- ¼ Schlangenhaargurke
- 100 g Elefant-Yamswurzel
- 1 Kochbanane
- 2 Taroknollen
- 1 Möhre
- 5 grüne Bohnen
- 1 Moringaschote
- 1 mittelgroße Aubergine
- 1 grüne Chili
- 2 Knoblauchzehen
- 120 g ungesüßte Kokosraspel
- ½ TL Kreuzkümmelsamen
- Salz
- 5 Curryblätter
- 3 EL Kokosöl

ZUBEREITUNG

1. Alle Gemüse bis auf die Aubergine schälen und auf etwa die gleiche Größe in kleine Stücke schneiden. In einen großen Topf oder Wok mit etwas Salzwasser geben, einmal aufwallen lassen, abgedeckt etwa 7 Minuten weich garen.
2. Chili fein hacken, Samen für weniger Schärfe entfernen. Knoblauchzehen abziehen, fein hacken. Mit Kokosraspel und Kreuzkümmelsamen zerdrücken (am besten im Mörser), salzen.
3. Gewürzte Kokosraspel unter die Gemüse rühren, 5 Minuten köcheln. Mit Curryblättern und Kokosöl verrühren. Dazu passt Reis.

TIPP — Gesüßte abgepackte Kokosraspel (Backregal) eignen sich nicht, verwenden Sie frisch geraspeltes Kokosfleisch.

ZARTES GEMÜSE-CURRY MIT GRÜNKOHL-BLÄTTCHEN

Auch in der indischen Küche ist Grünkohl sehr beliebt. Chefkoch Vijesh hält die grünen Powerblättchen für äußerst belebend.

ZUTATEN

- 750 g Süßkartoffeln (ca. 3 mittelgroße)
- 500 g frischer Grünkohl
- 1 cm frische Ingwerwurzel
- ½ rote Paprikaschote
- Salz
- 2 EL Sonnenblumenöl

ZUBEREITUNG

1. Süßkartoffeln waschen, schälen, fein würfeln. Grünkohlblättchen von den Strünken zupfen (Strünke nicht weiterverwenden). Ingwer schälen, fein reiben. Paprikaschote waschen, von Samen befreien, reiben.
2. Süßkartoffeln in wenig Salzwasser etwa 15 Minuten weich köcheln, abgießen, warmhalten. Grünkohlblättchen in einem anderen Topf in wenig Salzwasser etwa 5 Minuten blanchieren, abgießen, kurz in ein Wasserbad aus Eiswürfeln tauchen.
3. Sonnenblumenöl in einer Pfanne erwärmen, Ingwer- und Paprikaraspel eine knappe Minute garen. Restliches Gemüse unterrühren. Warm servieren.

 TIPP Im Eisbad behält Grünkohl seine appetitlich leuchtende Farbe.

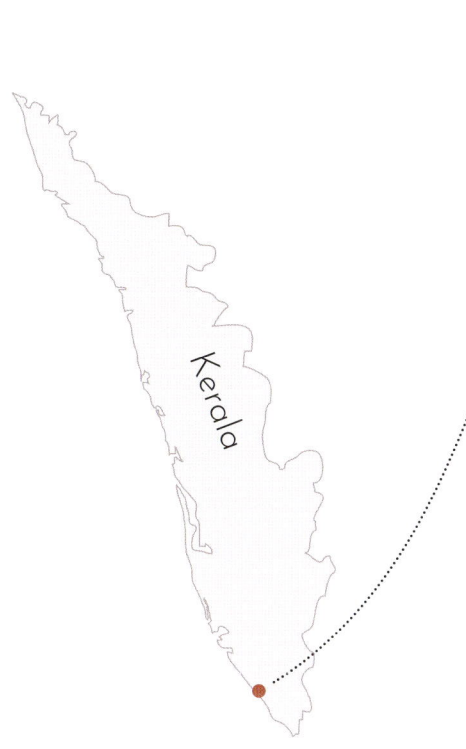

Kerala

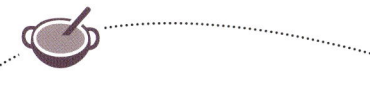

Chefkoch Vijesh

»Die richtige Ernährung
entscheidet zwischen Unruhe
und Ausgeglichenheit.«

ANANDA LAKSHMI AYURVEDA RETREAT

Gastfreundlich und ansprechend für Körper, Geist und Seele

Der führende Ayurveda-Arzt des Resorts praktiziert seit einem Vierteljahrhundert. Dr. Baiju machte seinen Abschluss am ersten indischen Ayurveda-College in Trivandrum. Die Stadt ist nur wenige Kilometer vom Ananda Lakshmi Ayurveda Retreat entfernt. Von großstädtischer Hektik ist jedoch nichts spürbar. 2017 wurde das Hotel mit dem Green Leaf Award für seine Ayurveda-Leistungen ausgezeichnet und vermittelt ein besonderes Rundum-Wohlgefühl. Hier stellt man sich auch auf Gäste ein, die weniger Zeit mitbringen, als in anderen Resorts üblich. »Schon wenige Tage intensiver Behandlung können viel bewirken«, weiß Dr. Baiju, dessen Zentrum auch in der Schweiz akkreditiert ist.

Chefkoch Vijesh serviert seine Köstlichkeiten in einem Restaurant, dessen Freiluftkonstruktion Geist und Appetit gleichermaßen anregt. Inmitten einer Bambusplantage fängt sich hier die sanfte Meeresbrise, sorgt für Abkühlung und weckt Lust auf den nahegelegenen, berühmten Chowarastrand. Herr Vijesh hat während seiner Ausbildung eines gelernt: »Unsere mentale Einstellung hängt von unserer Ernährung ab. Zustände der Unruhe vermeiden wir, wenn wir uns ausgewogen ernähren.« Er wünscht sich, dass Gäste die Aromenvielfalt von Ayurveda mit allen fünf Sinnen erkunden. Eine Verwendung von Bioprodukten versteht sich in dieser Kochphilosophie fast von selbst.

www.fitreisen.de/ananda-lakshmi

Kerala

Chefkoch Kumar

»Essen mit gesunden Inhaltstoffen macht uns stark und ausgeglichen.«

NEELESHWAR HERMITAGE

Ökotourismus-Pionier in einem kleinen Paradies

Nicht die ganze Malabarküste ist touristisch erschlossen. Das Neeleshwar Hermitage hat sich mit seinen bewusst schlicht gestalteten 18 Cottages in eine kleine Welt eingekuschelt, die aus langen Sandstränden, Palmenhainen und einer Lagune besteht. Um die Unberührtheit der Natur zu bewahren, ist Nachhaltigkeit im Resort der gepflegte Lebensstil. Der Einsatz von Solarzellen und der Verzicht auf TV auf den Zimmern sind typische Beispiele für gelebten Umweltschutz ebenso wie der Bioanbau von Heilkräutern und durch Umkehrosmose gewonnenes Trinkwasser. Die Räume im Ayurveda Spa »Priya«, was so viel wie »geliebt« bedeutet, sind ansprechend um einen Innenhof gruppiert. Das Ärzteteam ist es gewöhnt, auf individuelle Bedürfnisse der Gäste einzugehen.

Chefkoch Kumar ist ausgebildeter Hotelmanager, aber sein Interesse an ayurvedischer Ernährung war stärker. In seiner Küche ist Frische oberstes Gebot. Auch auf die gesunden Inhaltsstoffe der Lebensmittel achtet er. Und auf Abwechslung – da kommt ihm die Vielseitigkeit der ayurvedischen Gerichte gerade recht. Wenn die Gäste mögen, was er auftischt, zaubert ihm das ein »gesundes Lächeln« ins Gesicht. Denn die richtige Ernährung, davon ist er überzeugt, macht mental und physisch stark und ausgeglichen. Kein Wunder, dass dieses Juwel am Strand im Jahr 2016 den Preis als »Bestes Boutiquehotel des Jahres« entgegennehmen durfte.

www.fitreisen.de/neeleshwar

BOHNEN-SPINAT-GEMÜSE MIT INGWERWURZEL

Chefkoch Kumar hat dieses Gericht von seiner Mutter gelernt und empfiehlt es besonders, wenn der Energiehaushalt aus dem Lot geraten ist.

ZUTATEN

- 300 g grüne Bohnen
- 250 g Spinat
- 1 kleine Knoblauchzehe
- 1 kleine Zwiebel
- 2 cm Ingwerwurzel
- 3 EL Kokosöl
- ½ TL Senfsaat
- 1 TL Kurkumapulver
- 5 Curryblätter
- Salz
- 50 g ungesüßte Kokosraspel

ZUBEREITUNG

1. Bohnen putzen, halbieren. Spinat verlesen, gründlich waschen, gut abtropfen lassen. Knoblauchzehe und Zwiebel abziehen, fein hacken. Ingwerwurzel schälen, fein reiben.
2. Kokosöl in einer großen Pfanne erwärmen. Senfsaat bei leichter Hitze rösten, bis sie aufplatzt. Knoblauch- und Zwiebelstückchen mit Ingwer und Curryblättern unterrühren, mehrere Minuten bei leichter Hitze dünsten, bis die Zwiebel Farbe annimmt.
3. Grüne Bohnen, Kurkumapulver und Curryblätter unterrühren, einige Minuten bei leichter Hitze dünsten. Spinatblätter unterrühren, salzen, bei mittlerer Hitze so lange köcheln und rühren, bis die Bohnen gar und das Spinatwasser verkocht sind.
4. Mit Kokosraspel garniert servieren.

TIPP — Variieren Sie dieses Gericht mit Mangoldblättchen anstelle von Spinat.

KNACKIGES ZUCCHINI-AVIAL

Als Dekoration verwendet Chefkoch Kumar hauchdünn aufgeschnittene und zur Herzform gestutzte Möhrenscheiben.

ZUTATEN

- 2 dicke Möhren
- 1 kleine Aubergine
- 1 feste Zucchini
- 1 kleine Bio-Salatgurke
- ½ EL Kurkumapulver
- Salz

- 2 frische, grüne Chilis
- 100 g ungesüßte Kokosraspel
- 1 TL Kreuzkümmelsamen
- 4 EL Joghurt
- Curryblätter zum Garnieren

ZUBEREITUNG

1. Möhren schälen, 5 Zentimeter zur Dekoration beiseitelegen, Rest in Streifen von etwa 4 Zentimeter schneiden. Aubergine und Zucchini ebenso vorbereiten. Salatgurke auf Wunsch schälen, längs vierteln, Samen herausschaben, ebenso vorbereiten. Chilis waschen, längs halbieren, für weniger Schärfe von den Samen befreien, fein hacken.

2. Möhren in wenig Salzwasser in einem Topf einmal aufwallen lassen, 5 Minuten köcheln, Aubergine unterrühren, 5 Minuten köcheln. Kurkumapulver und Salz unterrühren. Zucchini und Salatgurke unterrühren, noch etwa 5 Minuten abgedeckt bissfest garen. Restliche Möhren an einer Stelle einkerben, dann dünn aufschneiden, so dass ein Herzmuster entsteht. Beiseitestellen.

3. Chilis mit Kokosraspel und Kreuzkümmel und 2–3 EL warmen Wasser zu einer Paste pürieren. Unter das Gemüse rühren und noch einige Minuten etwas trocken werden lassen. Bei Bedarf nachsalzen.

4. Joghurt cremig rühren, Gemüse auf Tellern anrichten, mit einem Klacks Joghurt und Curryblättern garniert servieren.

TIPP Wenn Sie einen grünen Daumen und deshalb im Sommer Zucchini im Überfluss haben, verdreitachen Sie die Menge und lassen die Salatgurke weg.

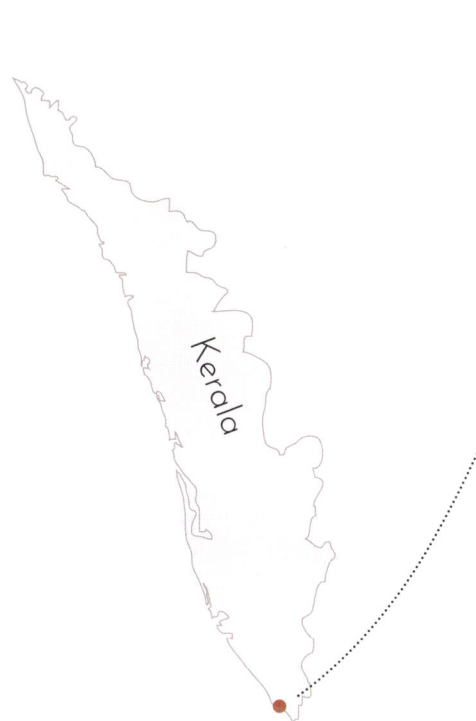

Kerala

Chefkoch Kumar

»Ayurvedische Küche ist eigentlich gesunder Menschenverstand.«

KERALA AYURTHEERAM IM ISOLA DI COCCO BEACH RESORT

Ayurveda Ashram unter Kokos-palmen

Die atemberaubende Lage Fluss Poovar und den Ufern des Arabischen Meeres dürfte ausschlaggebend gewesen sein, das Resort genau hier zu gründen. Es ist besonders bei europäischen Gästen beliebt. Das ayurvedische Ärzte- und Thera-peutenteam ist so erfahren wie Chefkoch Kumar: Für ihn ist sein Job jeden Tag eine »persönliche Entdeckungsreise«, wie er es ansprechend beschreibt. »Wir möchten aromatisch, appetitlich und heilend verwöhnen«, sagt er. Das führt immer wieder zu Überraschungen. »Man assoziiert ayurvedische Küche oft mit indischer Küche, da-bei ist das nicht ausschlaggebend«, klärt Kumar auf. »Vielmehr bringen wir unseren Gästen bei, wie sie mit Zutaten sprechen können«, sagt er lächelnd, wohlwissend, dass nicht jeder eine solche Leidenschaft für das Kochen entwickelt. Wie sich ayur-vedische Ernährung ganz praktisch in den Alltag integrieren lässt, erläutert er gern.

Die Passion und Überzeugung, mit der Ayurveda im Hotel gelebt wird, drückt sich auch in der Ausstattung der für Ayurveda-Gäste reservierten Heritage-Zimmer aus. Das Mobiliar ist handgearbeitet, die elegante Holzvertäfelung aus Rosen- oder Teakholz, die Badezimmer sind nach oben offen und bringen so die prächtige Natur nach Innen. So vermittelt das Resort, das mit dem Green Leaf Award ausgezeichnet ist, echtes Kerala-Feeling

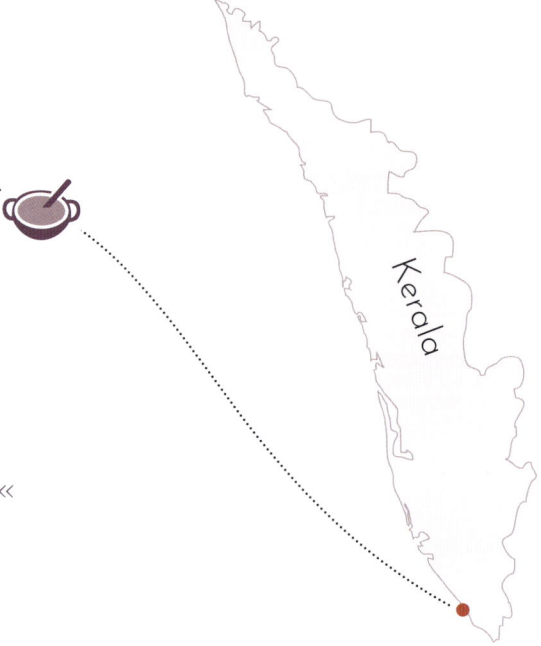

Kerala

Chefkoch James

»Frisches Gemüse hat
bei uns oberste Priorität.«

SOMATHEERAM AYURVEDA RESORT

Vielfach ausgezeichnetes Ayurveda-Resort in traumhafter Lage

Ein resorteigener Garten, in dem über 600 Pflanzen und Kräuter für die Kräuter-medizin wachsen. Eine hauseigene ayurvedische Apotheke. Ein feinsandiger Strand. Und ein Chefkoch, der ayurvedisch aufgewachsen ist und für den kulinarische Ge-nüsse die beste Heilkunst sind. Das alles bietet das Somatheeraam unter einem Dach. Kein Wunder, dass das prestigeträchtige Wohlfühl-Resort international als ein Ort des sich Sammelns, der Ruhe und der Entspannung berühmt ist.

Chefkoch James nutzt die eigens gezogenen Kräuter, die er mit biologisch angebau-tem Gemüse und unter Verwendung von wenig Öl und Gewürzen zu harmonischen kleinen Festessen kombiniert. Im Jahr 2016 erhielt er eine Auszeichnung für das »Beste ayurvedische Essen« – ein Lob, auf das er und sein Team sichtbar stolz sind. Doch man möchte hier keine Sterneküche auf den Tisch bringen. »Wir wählen nur Zutaten mit wertvollen Nährstoffen und Vitaminen und verwöhnen unsere Gäste mit Gesundheit auf dem Teller.«

13 Ärzte und bis zu 70 Therapeuten sind im Ayurvedazentrum mit seinen gepfleg-ten Räumlichkeiten aktiv. Sie behandeln nach ganzheitlichen Prinzipien. Über 200 ayurvedische Heilmittel und Produkte kommen bei den individuell gehaltenen Kuren zum Einsatz. Ein Ayurveda Arzt ist rund um die Uhr da. Hier wird wirklich nichts dem Zufall überlassen.

www.fitreisen.de/somatheeram-ayurveda

PIKANTES KÜRBISGEMÜSE

Die Rezeptur mit Curryblättern, Chilis und Kurkumapulver gibt dem Kürbisgemüse den Pfiff.

ZUTATEN

- 300 g Kürbisfleisch nach Wunsch
- 1 Haushaltszwiebel
- 2–3 frische, rote Chilis
- 8 Knoblauchzehen
- 3 EL Kokosöl
- ½ TL Senfsaat
- 10 Curryblätter
- ½ TL Kreuzkümmelpulver
- ½ TL Kurkumapulver
- Salz

ZUBEREITUNG

1. Kürbisfleisch in etwa fingerdicke Streifen schneiden. Zwiebel abziehen, fein hacken. Chilischoten waschen, längs halbieren, für weniger Schärfe die Samen entfernen, fein hacken. Knoblauchzehen im Ganzen belassen, von allen Seiten andrücken.

2. Öl in einer Pfanne erhitzen. Senfsaat und Curryblätter erwärmen, bis die Samen aufplatzen. Chili- und Zwiebelstückchen, Knoblauch, Kreuzkümmel und Kurkumapulver unterrühren, bei mittlerer Hitze etwa 10 Minuten dünsten, bis die Zwiebeln glasig sind.

3. Kürbisfleisch unterrühren, salzen, abgedeckt bei leichter Hitze 15 Minuten köcheln. Zum Servieren Knoblauchzehen entfernen, Kürbisgemüse auf Tellern anrichten.

TIPP

Chefkoch James wandelt das Gericht gerne mit jungen, knackigen Zucchini oder Patisson ab. Die Kochzeit bleibt in etwa gleich.

CURRY MIT BLÜTEN VOM TURIBAUM

Diesen Baum gibt es auch bei uns, aber Sie können das Rezept wunderbar mit Grüngemüse nach Wunsch variieren.

ZUTATEN

- 250 g Blüten und Blätter vom Turibaum (alternativ Mangold)
- ½ frische Kokosnuss
- 1 frische, grüne Chili
- 1–3 Knoblauchzehen
- ½ TL Chilipulver
- ½ TL Kreuzkümmelsamen
- 3 EL Kokosöl
- 1 TL Senfsamen
- 2 getrocknete, rote Chilis
- 1 Stängel Curryblätter
- Salz

ZUBEREITUNG

1. Gemüse waschen, Blüten und Blätter vom Turibaum fein schneiden. Mangold putzen, dicke Strünke fein schneiden, Blätter hacken. Kokosnuss reiben, Chili waschen, längs halbieren, Samen für weniger Schärfe entfernen, fein hacken. Knoblauch abziehen, fein hacken.

2. Kokosraspel mit Chilistücken, Chilipulver, Kreuzkümmelsamen, ggf. Blüten vom Turibaum und Knoblauch mörsern oder mit einem Holzlöffel zu einer Paste zerdrücken.

3. Öl in einer Pfanne erhitzen, Senfsaat, ganze Chili und Curryblätter erwärmen, bis die Samen aufplatzen. Kokosmasse unterrühren. Gemüse einrühren (beim Mangold die Strünke 2 Minuten vor garen, danach die Blätter zugeben), einmal aufwallen lassen, abgedeckt bei leichter Hitze je nach Gemüse 4–10 Minuten köcheln. Gut durchrühren, salzen und in dekorativen Schalen servieren.

TIPP Als Beilage empfiehlt Chefkoch Sajan Reis.

Kerala

Chefkoch Sajan

»Frische ist immer
der beste Koch.«

FRAGRANT NATURE

Small Luxury Hotel of the World
mit großer Wirkung

Das Resort ist vollklimatisiert und in vielerlei Hinsicht vorbildlich, nicht nur, was die atemberaubende Lage inmitten der Backwaters anbelangt. Nachhaltiger Tourismus wird hier ebenso gelebt wie ein besonderer Ansatz des Ayurveda, der klassische Medizin mit alternativen Therapien kombiniert. Im Luxury Vedic Wellness Spa werden Entspannung, Verjüngung und Revitalisierung für mehr Lebensqualität angeboten. Ein erfahrener Yogalehrer kümmert sich um die tägliche Yogastunde und gibt gerne auch theoretisches Wissen weiter.

Um das leibliche Wohl kümmert sich Chefkoch Sajan, der sich selbst augenzwinkernd als »professionellen indischen Kulinariker« beschreibt. Dennoch steht in seiner Küche die Dosha-Diagnose an oberster Stelle. »Natürlich ist für mich als Koch der Geschmack meiner Speisen wichtig, doch ich habe stets den Gast im Sinn, für den die Speisen zum körperlichen Wohlergehen beitragen.« Frische ist dabei sein höchstes Gut. Dass Obst und Gemüse als Bioprodukte aus dem resorteigenen Garten gezogen und nur wenige Minuten später schon in der Küche verarbeitet werden, macht seinen Ansatz glaubwürdig. Gäste schmecken das - im ayurvedischen Menü oder am Büfett. Auch sonst stellt das Hotel hohe Ansprüche an sich. Zur geistigen Entspannung werden Bootsfahrten und Vogelbeobachtungstouren auf dem See angeboten

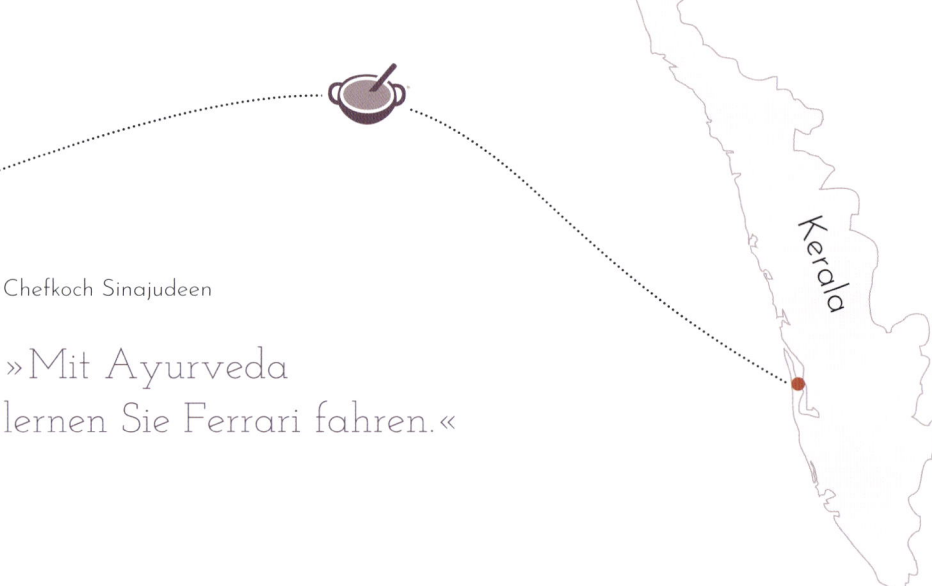

Kerala

Chefkoch Sinajudeen

»Mit Ayurveda
lernen Sie Ferrari fahren.«

MALABAR ESCAPE PURITY
Luxuriös auf Touren kommen

Man ahnt es, Chefkoch Sinajudeen schaut leidenschaftlich gerne Autorennen. Warum sonst würde er die Vorzüge der ayurvedischen Genussküche, wie er sie am Strand von Malabar zelebriert, mit seinen Lieblingsautos gleichsetzen? »Damit ein Sportwagen die beste Leistung erzielen kann, braucht er hochwertigen, passenden Kraftstoff. Der menschliche Körper funktioniert ganz genauso«, erklärt er gut gelaunt. »Wir wissen seit Jahrtausenden um die stärkende Wirkung von Ayurveda-Küche auf unseren Organismus.« Für ihn ist das eine rein praktische Erwägung – wer sich richtig ernährt, der kommt bald auf Touren.

Natürlich trägt auch das Resort selbst mit seiner einzigartigen Lage und den verwunschenen Zimmern zur Erholung und Entspannung bei. Es gehört zur internationalen Luxushotelgruppe Relais & Chateaux, ist kuschelig klein. Jede Suite und jedes Deluxe-Zimmer verfügt über eine Terrasse und eine Veranda für den schönen Blick über den See. Wenn der Sinn nach Erkundung der Traumlandschaft steht, hilft das Hotel gerne bei der Reiseorganisation. Auch im Resort selbst gibt es viel anzuschauen, zeitgenössische Kunst aus der Region Kerala beispielsweise oder Kochvorführungen, bei denen man mit »Mr. Ferrari« ins Gespräch kommen kann. Dabei lernt man auch ein weiteres, wichtiges Anliegen von ihm kennen: Regionalität. »Regionale Delikatessen und Produkte sollen noch stärker in die ayurvedische Küche einfließen«, das ist sein großer Wunsch.

www.fitreisen.de/malabar-escape

ERBSENGEMÜSE MIT BROKKOLIRÖSCHEN UND SPROSSEN

Gemüse, die wir auch kennen, aber mal ganz anders (und nicht indisch) serviert.

ZUTATEN

- 350 g Brokkoliröschen
- 150 g Erbsen
- 200 g Mungbohnensprossen
- 4 EL Olivenöl
- Salz
- 2 TL Puderzucker

- schwarzer Pfeffer aus der Mühle
- 1 Zitrone
- 1 TL Sojasauce
- Frühlingszwiebeln und Sesamsaat zum Garnieren

ZUBEREITUNG

1. Brokkoliröschen putzen, in kochendem Wasser einige Minuten bissfest blanchieren, in Eiswasser abschrecken. Restliche Gemüse ebenso verarbeiten. Gemüse abtropfen, mischen, beiseitestellen.
2. Olivenöl, Salz, Puderzucker in einer Schüssel verquirlen, pikant mit Pfeffer abschmecken. Zitrone pressen, mit Sojasauce verrühren und unterziehen, bis die Sauce cremig ist und viel Aroma hat. Frühlingszwiebeln putzen, in feine Ringe schneiden. Sesamsaat in einer Pfanne ohne Fettzugabe mehrere Minuten rösten.
3. Zum Anrichten die Gemüse auf Teller verteilen, mit Dressing beträufeln und mit Frühlingszwiebeln und Sesam garniert servieren.

KOKOS-SPINAT-GEMÜSE

Genießen Sie dieses Gericht von Chefkoch Mahesh vor Ort mit frischen Blättern des Moringabaums und verwenden Sie beim Nachkochen zu Hause einfach Spinat.

ZUTATEN

- 250 g Blattspinat
- 2 Schalotten
- 2 Knoblauchzehen
- 2 frische, grüne Chilis
- 2 EL ungesüßte Kokosraspel
- ½ TL Kreuzkümmelsamen
- 1 Msp. Kurkumapulver

- 3 EL Kokosöl
- 1 TL Senfsamen
- 2 Stängel Curryblätter
- 2 getrocknete, rote Chilis
- 2 EL rohen Reis
- Salz

ZUBEREITUNG

1. Blattspinat verlesen, zweimal kalt waschen, abtropfen lassen. Schalotten abziehen, fein hacken, Knoblauchzehen zerdrücken. Chilis kalt abwaschen, längs halbieren, Samen für weniger Schärfe entfernen, fein hacken.

2. Kokosraspel mit Chilistücken, Kreuzkümmel und Kurkuma mit einer Gabel zu einer Paste verrühren. 2 EL Kokosöl in einer großen Pfanne erhitzen, Senfsaat erwärmen, bis sie platzt, Curryblätter, ganze Chilis und Reis unterrühren.

3. Schalotten und Knoblauch darin etwa 8 Minuten glasig dünsten. Spinat sorgfältig unterheben, abgedeckt einige Minuten köcheln, bis er zerfällt. Kokosmischung unterrühren. Salzen. Gemüse bei leichter Hitze und häufigem Umrühren ohne Deckel etwa 5 Minuten garen, bis Reis und Spinat weich sind. Bei Bedarf heißes Wasser angießen und nachsalzen.

4. Zum Servieren auf Tellern verteilen und mit dem restlichen Öl beträufeln.

TIPP Hauchdünne Scheiben von Salatgurke und Tomate sind ein appetitlicher Hingucker.

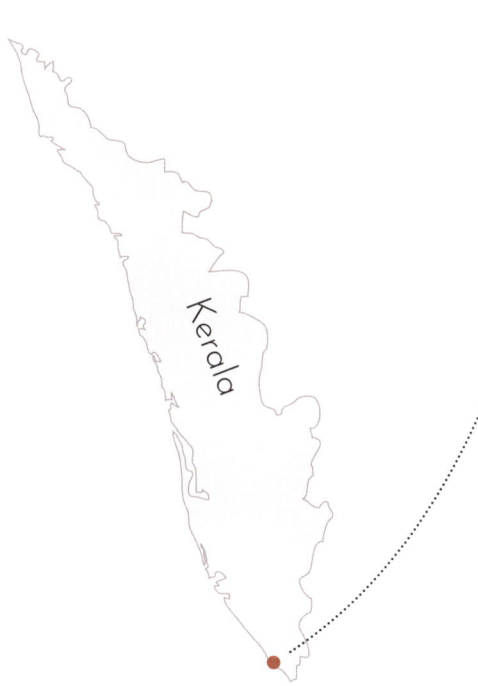

Kerala

Chefkoch Mahesh

»Zum Genuss gehört
ein glücklicher
Gemütszustand.«

BEACH & LAKE AYURVEDIC RESORT

Klein, fein und familiär

Einer der bekanntesten Ayurveda-Ärzte in ganz Kerala praktiziert hier, an einem
Ort, dessen natürlicher Zauber den Gast sofort umfängt. Gelegen zwischen den berühmten Backwaters von Kerala und dem Sandstrand an der Spitze einer Halbinsel
hat es etwas Verwunschenes. Ein Paradies im Liliput-Format mit nur 18 Zimmern,
dafür einem großen Ärzte- und Therapeutenteam und vielen helfenden, heilenden
Händen. Das Therapiezentrum hat auch Räume für Yoga und Meditation. Der weiße Strand liegt ebenso wie andere Sehenswürdigkeiten Keralas nicht weit entfernt;
Ausflüge werden gerne organisiert.

Die Küche des Beach & Lake Resorts hat sich ganz der Ayurveda-Kochkunst verschrieben. Schon allein wie wir essen, ist für Chefkoch Mahesh von großer Bedeutung. »Speisen sollten stets in einem ruhigen, glücklichen und positiven Gemütszustand zubereitet und verzehrt werden – auch in unserer hektischen Welt.« Für
Chefkoch Mahes ist das eine Frage der persönlichen Überzeugung. Als auf Ayurveda spezialisierter Koch kennt er die Philosophie hinter den kulinarischen Genüssen.
»Das ayurvedische Verdauungssystem ist eine Energiequelle. Sind Körper und Seele
im Gleichgewicht, lösen sich Energieblockaden. Dann kann der Körper Nahrung gut
aufnehmen und verwerten.« Das Gleichgewicht, das ihm und dem gesamten Ayurveda-Team so wichtig ist, lässt sich auf vielerlei Weise in diesem Resort aufnehmen,
annehmen und erlernen.

SÜD
SRI LANKA

❦

Als »Einsteigerland« für Indien und damit auch für Ayurveda-Reisen gilt die mit rund 20 Millionen Menschen bevölkerte, große Insel am Südzipfel des indischen Subkontinents. Seit Ende des Bürgerkriegs 2009 entdecken immer mehr Touristen das spannende, noch nicht so erforschte Reiseziel. Viele neue Angebote sind entstanden, seitdem es Ayurveda-Freunde zu den Wurzeln der Heilkunst zieht. Um europäischen Ansprüchen zu genügen, steigt der Standard in den Hotels stetig.

Der buddhistisch geprägte Süden Sri Lankas ist sicherlich eines der lohnenswertesten Reiseziele in ganz Südostasien: die historische Hafenstadt Galle an der Südwestküste lockt mit Idylle und ihrer spannenden Kolonialgeschichte, während wunderschöne, unberührte Nationalparks einzigartige Naturerlebnisse versprechen. Adam's Peak ist der bekannteste Berg Sri Lankas. Täglich erklimmen ihn viele Menschen wegen seiner religiösen Bedeutung und der traumhaften Aussicht.

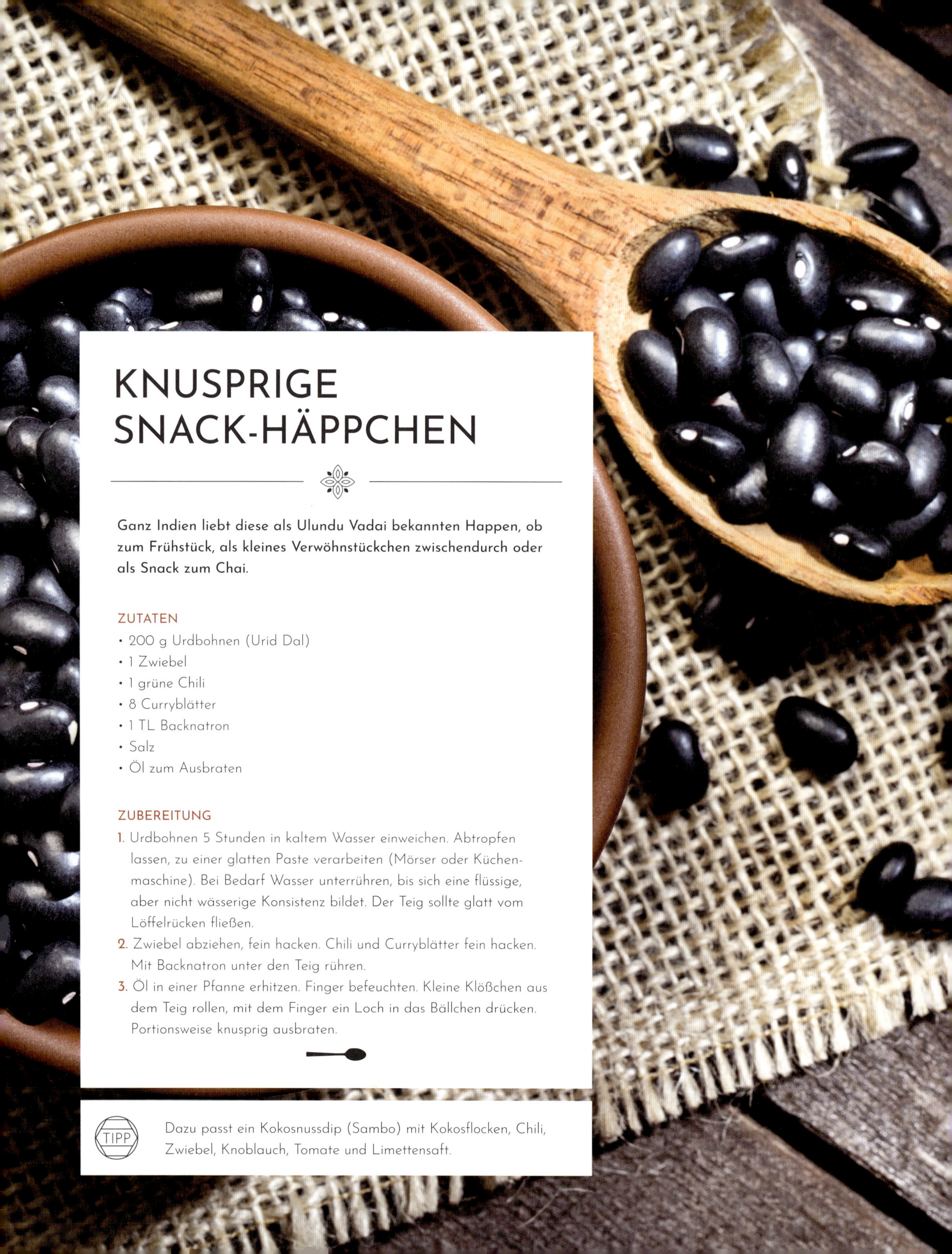

KNUSPRIGE SNACK-HÄPPCHEN

Ganz Indien liebt diese als Ulundu Vadai bekannten Happen, ob zum Frühstück, als kleines Verwöhnstückchen zwischendurch oder als Snack zum Chai.

ZUTATEN

- 200 g Urdbohnen (Urid Dal)
- 1 Zwiebel
- 1 grüne Chili
- 8 Curryblätter
- 1 TL Backnatron
- Salz
- Öl zum Ausbraten

ZUBEREITUNG

1. Urdbohnen 5 Stunden in kaltem Wasser einweichen. Abtropfen lassen, zu einer glatten Paste verarbeiten (Mörser oder Küchenmaschine). Bei Bedarf Wasser unterrühren, bis sich eine flüssige, aber nicht wässerige Konsistenz bildet. Der Teig sollte glatt vom Löffelrücken fließen.

2. Zwiebel abziehen, fein hacken. Chili und Curryblätter fein hacken. Mit Backnatron unter den Teig rühren.

3. Öl in einer Pfanne erhitzen. Finger befeuchten. Kleine Klößchen aus dem Teig rollen, mit dem Finger ein Loch in das Bällchen drücken. Portionsweise knusprig ausbraten.

TIPP Dazu passt ein Kokosnussdip (Sambo) mit Kokosflocken, Chili, Zwiebel, Knoblauch, Tomate und Limettensaft.

Chefkoch Kumara

»Gewürze sind die
Königinnen der Küche.«

Sri Lanka
(Süd)

OCEAN OF LIFE

Entspannung auf singhalesisch, ganz ohne Massentourismus

Chefkoch Kumara kocht schon seit zwei Jahrzehnten ayurvedisch. Er verdankt es nicht nur seiner natürlichen Begabung und viel Fleiß, dass er für Gewürze in der Küche ein gutes Händchen hat. »Letztendlich ist es die lange Erfahrung, die mir beigebracht hat, richtig zu würzen, im Einklang mit unseren ayurvedischen Prinzipien.« Da der indische Subkontinent für seine Gewürzmischungen besonders bekannt ist, dürfen sich Gäste, die gut abgeschmeckte Gerichte lieben, auf einen besonderen Genuss freuen. Sein umfangreiches Wissen gibt der Küchenchef auch in Kochdemonstrationen weiter.

Das kleine Hotel direkt am langen Induruwa-Sandstrand legt Wert auf eine familiäre Atmosphäre. Daher treffen sich im Ocean of Life auch jedes Jahr Gäste, die die persönliche Ansprache schätzen und sich hier gut aufgehoben fühlen. Mahlzeiten sind individuelle Menüs, die nach Vorgabe des hoteleigenen Ayurveda-Arztes zubereitet werden. Die prominente Strandlage des Hotels, Ausflüge mit dem Tuk Tuk in das bekannte Touristenzentrum Bentota und die persönliche Gästebetreuung machen einen Aufenthalt sehr empfehlenswert.

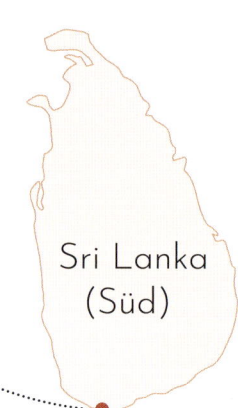

Sri Lanka
(Süd)

Chefkoch Wickramasinghe

»Ich habe mein Leben
ayurvedischer Küche
gewidmet.«

THE FORTRESS RESORT & SPA

Gesunder Genuss im kleinen, charmanten Luxus-Resort

Nicht weit von der quirligen Hafenstadt Galle entfernt liegt ein kleiner, ruhiger Fischerort. Hier hat sich mit dem »The Fortress« ein Fünf-Sterne-Resort angesiedelt. Das Hotel, eine Nachbildung des berühmten Fort von Galle, hat ein exklusives, modernes Design, das Elemente des Kolonialstils und des singhalesischen Erbes in seiner Architektur widerspiegelt. Auch andere landestypische Eigenschaften werden hier gepflegt: Gastfreundschaft und Kochkunst. Das Resort wurde mehrfach ausgezeichnet, ebenso sein 34-jähriger Küchenchef, der schon bei internationalen Meisterschaften mit seinen Fertigkeiten für Furore sorgte. Dabei hat er nur ein Anliegen: »Ich bin überzeugt, dass Ayurveda zur allgemeinen Gesundheit und zum Wohlbefinden beiträgt. Das möchte ich in meiner Küche geschmackvoll unterstützen.«

The Fortress ist Mitglied der Small Luxury Hotels of the World - den Gästen fehlt es nicht an Komfort. Das Meer eignet sich dank eines schützenden Riffs ganzjährig zum Schwimmen. Vom Hauptgebäude ist es nur durch eine Poolanlage getrennt. Der Hotelgarten ist weitläufig und bietet zahllose Ruhezonen mit direktem Meerblick.

Drei Restaurants stehen den Gästen zur Auswahl. Das »White« ist auf singhalesische Küche mit modernen Einflüssen spezialisiert. Hier werden auch die ayurvedischen Speisen serviert. Im »Salty Snapper« steht Fangfrisches aus dem Meer auf dem Menü, das »Duo« strahlt eine elegante, romantische Atmosphäre aus. Ein Aufenthalt im »The Fortress« verspricht also auch kulinarisch Abwechslung.

www.fitreisen.de/the-fortress

WÜRZIGER SALAT MIT ERDNÜSSEN UND BANANENBLÜTEN

❖

Von dem international ausgezeichneten Chefkoch Asanka Wickramasinghe stammt dieses pikant abgeschmeckte Rezept.

ZUTATEN

- 2 Bananenblüten (Asialaden)
- 3 EL Essig
- 1 rote Zwiebel
- 2 Limetten
- 3 Zitronengrasstangen
- 1 Bund Thaibasilikum
- 4 Stängel Minze

- 60 g (geröstete) Erdnüsse
- 1–2 Knoblauchzehen
- 2 frische Chilis
- 3 EL Jaggery oder
  1 EL weißer Zucker
- 150 ml Kokosmilch

ZUBEREITUNG

1. Die 3 äußeren Blätter der Bananenblüte lösen, als Dekoration beiseite legen. Blüten dünn aufschneiden. Eine Schüssel mit ausreichend kaltem Wasser befüllen, Essig angießen, Blütenscheiben zugeben, weich werden lassen.
2. Zwiebel abziehen, in feine Ringe schneiden. Limetten pressen. Zitronengrasstängel zerdrücken, das Mark herausschneiden, hacken. Kräuter kalt abbrausen, trocken schütteln, Blättchen hacken. Erdnüsse hacken. Alles zu einer Paste zerdrücken (Mörser).
3. Knoblauchzehen abziehen, Chilis fein hacken, mit Jaggery und Limettensaft zu einer Paste verrühren.
4. Bananenblüten abgießen, in wenig Wasser einige Minuten weich garen. Abgießen, mit den anderen Zutaten verrühren.

TIPP — Der asiatische Jaggery aus Zuckerrohr ist viel weniger süß als unser Haushaltszucker.

FEIN GEWÜRZTES ALOE VERA-CURRY

❖

Diese Heilpflanze ist ein echter Allrounder, die bei Sonnenbrand sowie Gelenkbeschwerden hilft und sich auch als Gemüse eignet. Die Blätter der Aloe Vera kann man im Internet bestellen.

ZUTATEN

- 10 Stängel Aloe Vera
- 1 Knoblauchzehe
- 1 Schalotte
- 2 EL Sesamöl
- 5 Curryblätter
- 2 TL Currypulver
- 2 Stangen Zimt
- ½ – 1 TL Chilipulver
- 1 TL Kurkumapulver
- 250 ml Kokosmilch
- 100 g halbierte, geschälte Mungbohnen
- Salz und schwarzer Pfeffer aus der Mühle

ZUBEREITUNG

1. Aloe Vera-Blätter bei Bedarf von Stacheln entfernen, in fingerlange Stücke schneiden, gut abwaschen, mindestens 10 Minuten in Wasser einweichen.
2. Knoblauchzehe und Schalotte abziehen, fein hacken. Sesamöl in einer großen Pfanne erhitzen. Knoblauch- und Schalottenstückchen darin mehrere Minuten bei leichter Hitze glasig dünsten. Gewürze unterrühren, einige Minuten durchwärmen.
3. Kokosmilch angießen, Mungbohnen zugeben, abgedeckt 20 Minuten köcheln.
4. Aloe Vera schälen, Blätter in feine Streifen schneiden, unterrühren. Salzen, pfeffern, 10 Minuten köcheln. Auf Tellern anrichten, bei Wunsch mit dünn geschnittenen Aloe-Vera-Blättern garnieren.

TIPP Etwas Pandanextrakt oder gehackte, frische Pandanblätter (Asialaden) geben ein feinsüßes Aroma.

Chefkoch Lakshitha

»Mein Kochverständnis ist Teil meiner Lebensphilosophie.«

Sri Lanka (Süd)

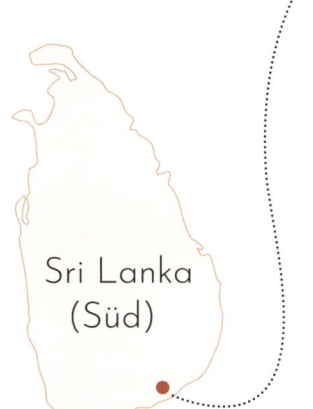

THAULLE RESORT

Das Design-, Bio- und Ayurvedahotel verwöhnt mit spirituellem Ambiente

Der leidenschaftliche Hotelier Thilak Wettimuni hat ein feines Gespür für das Schöne: Als kreativer Kopf und Architekt zeigt er in seinem 2014 eröffneten Hotel, wie gut Schönheit mit Nachhaltigkeit zusammenpasst. In Sri Lanka kennt man Feng Shui, die Lehre vom bewussten Wohnen im Einklang mit Energie. Das Thaulle Resort wurde nach den Regeln des Vastu errichtet und strahlt eine ansteckende Harmonie und Ruhe aus. Der Garten bietet besondere Zonen für den Anbau von Obst, Kräutern und Gemüse und viel Platz zum Ruhen. Jedes der individuell eingerichteten Zimmer mit Panoramablick vom Balkon auf den Yodasee hat einen einzigartigen Charme. Der nur wenige Kilometer entfernte Yala-Nationalpark mit seiner beeindruckenden Leoparden-Population ist ein reizvolles Ausflugsziel – nicht umsonst ist er der beliebteste Nationalpark in Sri Lanka. Auch für Kulturbegeisterte hat die Region mit der einstigen Hauptstadt des singhalesischen Königsreichs Ruhuna und der Pilgerstadt Kataragama viel zu bieten.

Das Ayurveda-Zentrum des Hotels leitet einer der besten Ärzte Sri Lankas. Die hauseigene Ayurveda-Apotheke hält zertifizierte Produkte bereit. Kulinarisch wird das ayurvedische Konzept als Büfett umgesetzt, mit Augenmerk auf individuelle Dosha-Bedürfnisse, aber auch auf Gerichte ohne Gluten oder Laktose. Chefkoch Lakshitha hat in der klassischen Fünf-Sterne-Gastronomie sein Handwerk gelernt und kam hier erstmals mit der ayurvedischen Lehre in Berührung. Er ließ sich von Ayurveda-Ärzten schulen, um in der Küche umsetzen zu können, was ihm eine Herzensangelegenheit wurde: »Ayurvedische Ernährung stärkt die Immunkräfte des Körpers nachhaltig.«

Sri Lanka
(Süd)

Chefkoch Thilakarathne

»Trage ein Lächeln auf
den Lippen und genieße
Deine Gesundheit.«

LOTUS-VILLA - HOUSE OF AYURVEDA

Österreich meets Sri Lanka: Ein zauberhaftes Vermächtnis

Bei der Gründung des Hotels 1992 hatte der aus Österreich stammende Hotelier Peter Huber eher Wiener Schnitzl und Kaiserschmarrn im Sinn. Seine persönlichen Erfahrungen mit Ayurveda brachten ihn jedoch zur der Überzeugung, dass diese Lebensphilosophie sich auch in seinem Hotel widerspiegeln sollte. Sushan und Sumendra Huber, Sohn und Witwe des Gründers, führen die Lotus Villa heute in seinem Sinne weiter.

Der stets gut gelaunte Chefkoch Thilakarathne ist mit der Hoteldirektorin verwandt und begleitet das Haus seit seiner Gründung gastronomisch. »Ich entstamme einer ayurvedischen Familie«, erklärt er. So wundert es nicht, dass sich das Hotel kulinarisch hohe Ziele gesetzt hat. Auch auf Nachhaltigkeit wird großer Wert gelegt: Kokosnüsse, Obst und Gemüse stammen aus eigenem Bio-Anbau. Eine Wasseraufbereitungsanlage gewinnt Trinkwasser aus Leitungswasser und bewässert die reichen Gemüse- und Kräutergärten. Eine Solaranlage sorgt für warmes Wasser.

»Ayurvedische Küche kann Körper und Geist in Einklang bringen«, weiß Chefkoch Thilakarathne und freut sich jeden Tag darauf, Speisen zuzubereiten, die auf die Konstitutionstypen der Gäste perfekt abgestimmt sind. Die wunderschöne, palmenbestandene Hotelanlage direkt am Ozean tut ihr Übriges für nachhaltige Erholung.

www.fitreisen.de/lotus-villa

WURZELSALAT

❖

Die Hauptzutaten finden Sie nur auf Sri Lanka frisch, aber Kohila-wurzel in Lake können Sie im Koffer mitbringen. Oder schauen Sie im Internet.

ZUTATEN

- 500 g Kohilawurzel
- 200 g Indischer Wassernabel
- 1 frische grüne Chili
- 100 g ungesüßte Kokosraspel
- 1 Limette
- Salz und schwarzer Pfeffer aus der Mühle

ZUBEREITUNG

1. Frische Kohilawurzeln waschen, schälen, in feine Julienne-Streifen schneiden. Glasware kalt abbrausen, bei Bedarf fein schneiden. Wassernabel, Spinat oder Portulak putzen, kalt abbrausen, hacken. Grüne Chili waschen, längs halbieren, Samen für weniger Schärfe entfernen, fein hacken. Limette pressen.
2. Alles auf Tellern anrichten und mit Salz und Pfeffer würzen.

TIPP   Indischer Wassernabel wird in der internationalen Kosmetik-industrie als wirkungsvolles Mittel gegen trockene Haut verwendet.

KÜRBISCURRY

Ein Klassiker aus der Küche Sri Lankas. Kaufen Sie Gewürze vor Ort auf dem Markt und kochen Sie dieses Gericht, wenn Sie Fernweh nach der Insel haben.

ZUTATEN

- 750 Kürbisfleisch nach Wunsch
- Salz
- 1 Haushaltszwiebel
- 1 kleine Knoblauchzehe
- 3 frische, grüne Chilis
- 2 cm Ingwerwurzel
- 5 Gewürznelken
- 10 Curryblätter

- ½ TL Kurkumapulver
- 1 TL Chilipulver
- 2–5 grüne Kardamomschoten
- 5 Zimtstangen
- 100 ml Kokosmilch
- 100 g ungesüßte Kokosraspel
- 1 TL Currypulver

ZUBEREITUNG

1. Kürbisfleisch würfeln, in wenig Salzwasser 5 Minuten garen.
2. Zwiebel und Knoblauch abziehen, fein hacken, Chilis fein hacken, Ingwer schälen, raspeln, alles mit den restlichen Zutaten verrühren.
3. Über das Kürbisgemüse gießen, einmal aufwallen lassen, bei leichter Hitze etwa 15 Minuten köcheln, bis das Gemüse gar und die Sauce eingedickt ist.
4. Zimtstangen, Curryblätter und Gewürznelken entfernen. Bei Bedarf nachwürzen, warm servieren, beispielsweise zu Reis.

Sri Lanka
(Süd)

Chefkoch Ratna Lal

»Beginnen Sie den Tag
mit einem
Super Smile Smoothie!«

YPSYLON RESORT

Eine deutsche Leitung und ein vielgereister Koch

Über dreißig Jahre ist Ratna Lal schon Chefkoch im Ypsylon. Damit er seinen Gästen immer wieder neue Genüsse vorsetzen kann, hat er in der Zeit schon Indien, den Sudan, Dubai und Bahrain bereist. »Mich fasziniert«, erklärt er, »wie Ayurveda uns dabei hilft, unser inneres Gleichgewicht ins Lot zu bringen und ein gesünderes Leben zu führen.«

Das idyllische Hotel liegt inmitten von fünf Hektar üppiger Vegetation und passt sich mit seiner naturgerechten Bauweise perfekt in die Landschaft ein. Das Haus hat sich ganz der traditionellen, ayurvedischen Ernährung verschrieben, die abwechslungsreich mit einheimischen Beilagen serviert wird. Vieles, das Ratna Lal in der Küche verwendet, stammt aus eigenem Anbau. Im À-la-carte-Restaurant zeigt er gerne sein Gespür für die Kombination internationaler Aromen mit der heimischen Küche. Wer es aromatisch ruhiger mag, dem wird leicht Verdauliches wie magerer Fisch oder Huhn serviert.

Wenn der private Sandstrand mal nicht lockt, bieten sich Ausflüge zur Schildkröten-Aufzuchtstation oder zu den Tempelanlagen von Aluthgama und Kalutara an. Bei einer Exkursion auf den Wochenmarkt können die Lieblingsgewürze von Ratna Lal erstanden werden. Denn die ayurvedischen Genuss- und Entspannungslehren lassen sich mit etwas Vorbereitung ohne großen Aufwand in den Alltag in der Heimat einbauen. So kann der Erholungswert des Urlaubs noch lange nachwirken.

Chefkoch Chaminda

»Je älter man wird,
desto gesünder ist
ayurvedische Ernährung.«

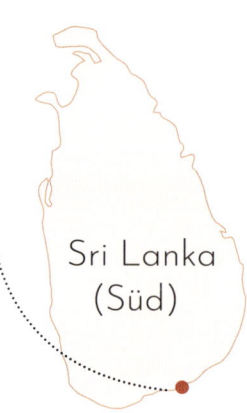

Sri Lanka
(Süd)

OASIS AYURVEDA BEACH RESORT

Sonniges Strandresort in einem weitläufigen Park

Spektakuläre Flora, sensationelle Fauna, ein prächtiger Meerblick und Entspannung pur: Selten passt ein Hotelname so gut wie auf das Oasis Ayurveda Beach Resort. Es liegt direkt an einem weitläufigen, fast menschenleeren Strand, inmitten von 50.000 Quadratmetern üppiger Natur. Auch das Klima ist zur Erholung überaus bekömmlich, es ist trockenwarm, stets weht eine leichte Brise. Im Ayurveda-Zentrum verrichten fünf Ärzte und 30 Therapeuten ihren Dienst und gehen gerne auf Wünsche nach individuellen Panchakarmakuren ein.

Genussvoll und sehr entspannt geht es bei der Kulinarik zu. Büfetts, gekennzeichnet nach den Doshas, sind im Restaurant angerichtet. Gäste genießen die fremdländischen Aromen stilecht unter Palmen, am Pool oder auf der überdachten Terrasse. Für Chefkoch Chaminda steht das kulinarische Verwöhnen der Gäste an oberster Stelle. Seine langjährige Erfahrung hat ihn gelehrt, dass es für einen jungen Menschen noch nicht so wichtig sein mag, wie er sich ernährt. Aber je älter man wird, »desto bewusster sollte man sich machen, mit welchen Lebensmitteln man den Körper stärken und die Balance erhalten kann.«

www.fitreisen.de/oasis

CURRY MIT KOHILAWURZEL

❖

Kohila (Lasia spinosa) ist eine Wurzelart, die seit langer Zeit in der ayurvedischen Küche verwendet wird. Sie wirkt entgiftend auf den Körper.

ZUTATEN

- 1 Zwiebel
- 1 Knoblauchzehe
- 250 g Kohilawurzel
- 2 EL Kokosöl
- 1 Stängel Curryblätter
- ½ TL Currypulver
- 3 Stängel Safran
- 1 Msp. Zimt
- 150 ml Kokosmilch
- Salz und schwarzer Pfeffer aus der Mühle

ZUBEREITUNG

1. Zwiebel und Knoblauchzehe abziehen, fein hacken. Kohilawurzel schälen, in feine Streifen schneiden.
2. Kokosöl in einer Pfanne erhitzen, Zwiebel- und Knoblauchstückchen mehrere Minuten darin glasig dünsten. Einige Curryblätter abzupfen (Rest für Garnierung beiseite legen), mit Kohilawurzel unterrühren. Currypulver, Safran und Zimt unterrühren.
3. Kokosmilch angießen, alles gut durchrühren, salzen, pfeffern, abgedeckt 8 Minuten köcheln, dann servieren.

TIPP
Frisch gibt es Kohilawurzel nur auf Sri Lanka, aber im Supermarkt finden Sie Glasware.

FEIN GEWÜRZTES KARTOFFEL-CURRY

So wird aus einer deutschen Kartoffel ein perfekt abgeschmecktes Ayurveda-Gericht.

ZUTATEN

- 3 mittelgroße Kartoffeln
- 1 Schalotte
- 1–2 kleine Knoblauchzehen
- 1 cm frische Ingwerwurzel
- 1 EL Kokosöl
- ½ TL Senfsamen
- 5 Stängel Curryblätter

- 1 Msp. Kurkumapulver
- 1 Msp. Currypulver
- 1 Msp. Chilipulver
- Salz und schwarzer Pfeffer aus der Mühle
- 500 ml Kokosmilch

ZUBEREITUNG

1. Kartoffeln schälen, fein würfeln. Schalotte und Knoblauchzehen abziehen, Schalotte in Streifen schneiden, Knoblauch fein würfeln. Ingwer schälen, fein reiben. Öl in einer Pfanne erhitzen. Zwiebel, Knoblauch und Ingwer mit Senfsamen mehrere Minuten bei mittlerer Hitze garen, bis die Senfsaat aufplatzt und die Schalotte Farbe annimmt. Kartoffelstückchen und Curryblätter unterrühren.

2. Kurkuma-, Curry- und Chilipulver unterrühren, alles salzen und pfeffern, Kokosmilch angießen, einmal aufwallen lassen, abgedeckt etwa 10 Minuten köcheln, bis die Kartoffeln weich sind.

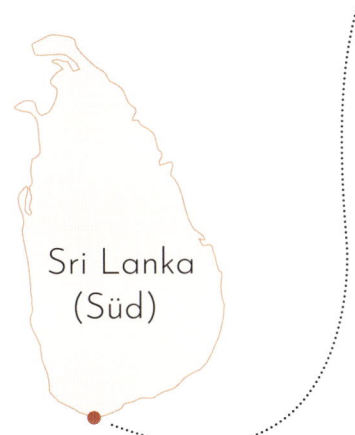

Sri Lanka
(Süd)

Chefkoch Weerasinghe

»Ayurveda versteht
Nahrung auch
als Medizin für
Körper und Geist.«

SURYA LANKA

Mit der Brandung des Indischen Ozeans im Ohr

Chefkoch Weerasinghe liebt seinen Beruf, mit dem er Gäste ganz natürlich mit frischen leckeren Zutaten gesund machen kann. Er arbeitet nicht nur eng mit Bauern und Gärtnern zusammen, die ihm beste Produkte liefern, sondern tauscht sich ständig mit den Ayurveda-Spezialisten im Surya Lanka aus. Denn hier wird Ayurveda nach den ursprünglichen Quellen ausgelegt. Ähnlich wie auch Yoga wurde Ayurveda etwa eintausend Jahre v. Chr. in acht Pfade unterteilt. Im Hotel wird Ashtanga Samhita praktiziert.

Deutsche Gäste schätzen dieses traditionsbewusste und auf die Bedürfnisse des individuellen Gastes abgestimmte Umfeld ganz besonders. Weerasinghe entwickelt Menüs für sie. Bei der Auswahl der Rezepte achtet er darauf, dass die Wurzeln des Hotels auf Sri Lanka sich auch in der Küche wiederfinden. »Tausenden von Gästen konnte ich mit unserem besonderen Kochstil schon Erleichterung verschaffen«, sagt er. »Für mich ist die Küche des Surya Lanka auch eine Visitenkarte für unsere Art zu kochen und uns dabei ganz natürlich gesund zu ernähren.«

Doch die gesunde Ernährung ist nicht allein ausschlaggebend für den Heilungserfolg. Ganzheitliche Körperbehandlungen, das genussvolle Speisen im weitläufigen Garten unter den beruhigend sich wiegenden Palmen und die Nähe zum Indischen Ozean, dessen Rauschen man überall zu hören meint, dienen der Entspannung und dem Wohlbefinden und machen gesund. Ganz natürlich.

Sri Lanka
(Süd)

Chefkoch Karunaratna

»Ich glaube an die
verjüngende Kraft unserer
Ayurvedakost.«

SIDDHALEPA AYURVEDA RESORT

Traumlocation direkt am Meer mit einer engagierten Eigentümerfamilie

Schon vor zweihundert Jahren begann die Gründerfamilie Hettigoda ayurvedische Produkte herzustellen. Die Passion und die Kompetenz auf diesem Gebiet ist auch für asiatische Verhältnisse außergewöhnlich. Chefkoch Kuranaratna, der sich vom Küchenjungen hoch gearbeitet hat, sammelte seine Erfahrungen in vielen Resorts auf Sri Lanka und in Übersee. Inzwischen steht er seit 30 Jahren in der Küche des Siddhalepa am Herd.

Hier war er von der ayurvedischen Lehre, die ihm durch die Ärzte vermittelt wurde, fasziniert. »Es ist kein kompliziertes Konzept, das der Heilkunde zugrunde liegt«, begründet er seine Begeisterung. »Wir setzen Kräutermedizin ein und ermutigen unsere Gäste zu einem aktiven und etwas einfacheren Lebensstil. Doch in der Kombination zeigt das große Wirkung, ich sehe es bei unseren Gästen jeden Tag.« Am liebsten kocht er traditionell, aber immer mit westlichen Noten und vermittelt sein kulinarisches Verständnis von Ayurveda gerne in Kochkursen an Interessierte weiter.

Das Resort selbst liegt idyllisch, inmitten einer tropischen Gartenanlage, direkt am Strand. Heilkräuter weisen den Weg zum Ruhebereich im Mangrovenhain, wo Urlauber schnell in ihren eigenen, entspannten Rhythmus finden. Eine reizvoll angelegte Süßwasser-Poolanlage sorgt ebenfalls für Erholung. Vor allem ist es aber das Team aus fünf erfahrenen Ayurveda-Ärzten und 20 Therapeuten, das mit seinem Wissen um die Heillehre zu einem erholsamen und nachhaltig wirkenden Aufenthalt beiträgt.

www.fitreisen.de/siddhalepa

GEFÜLLTES GEMÜSE MIT JACKFRUCHTSAMEN UND INDISCHEM WASSERNABEL

❖

Die Zutatensuche erfordert sehr viel Geduld. Eigentlich lässt sich das Gericht in Deutschland nicht nachkochen. Am besten, Sie genießen es vor Ort!

ZUTATEN

- 1 Kartoffel
- 3 Möhren
- 1 kleines Bund Indischer Wassernabel
- 2 Schalotten
- 2 Knoblauchzehen
- 2 frische, grüne Chilis

- Salz und schwarzer Pfeffer aus der Mühle
- 600 g Thumba Karavila (Bittermelonenart)
- 300 g Jackfruchtsamen
- 2 TL Currypulver
- ½ TL Kurkumapulver
- 500 ml Kokosmilch

ZUBEREITUNG

1. Kartoffel schälen, hacken, in wenig Salzwasser weich kochen, abtropfen. Möhren schälen, fein raspeln, Indischen Wassernabel kalt abbrausen, fein hacken. Schalotten und Knoblauchzehe abziehen, fein hacken, Hälfte für die Sauce beiseite stellen. Chilis kalt abbrausen, längs halbieren, für weniger Schärfe Samen entfernen, fein hacken. Alles zu einer Paste mörsern, salzen, pfeffern, beiseite stellen.

2. Bittermelonen längs halbieren, Kerne entfernen, mit der Masse befüllen. Jackfruchtsamen mit den restlichen Schalotten- und Knoblauchstückchen, Currypulver, Kurkumapulver und der Kokosmilch etwa 10 Minuten bei leichter Hitze köcheln. Gefüllte Bittermelonen einlegen, abgedeckt 5 Minuten weich köcheln, warm servieren.

FISCH-WRAPS MIT TOMATENSAUCE

❖

Chefkoch Lakmal hat sein Originalrezept, in dem die Wraps aus Fingerhirsemehl von Hand gebacken werden, zum schnellen Nach-kochen für Zuhause adaptiert.

ZUTATEN

- 200 ml Tomatensaft
- 1 ½ TL Tomatenmark
- 2 (frische) Knoblauchzehen
- 1 große Schalotte
- 3 EL Kokosöl
- 2–3 frische Chilis
- 1–2 TL Chilipulver
- 150 g Fischfilet
- Salz und schwarzer Pfeffer aus der Mühle
- 4 Wraps nach Wunsch

ZUBEREITUNG

1. Tomatensaft und -paste in einem Topf erwärmen. Knoblauchzehen und Zwiebeln abziehen, fein hacken, zur Hälfte unter den Tomaten-saft rühren, bei leichter Hitze etwa 15 Minuten einköcheln.

2. Kokosöl in einer Pfanne erhitzen, restliche Knoblauch- und Zwiebelstückchen bei leichter Hitze 7 Minuten glasig dünsten. Chilis kalt abbrausen, längs halbieren, Samen für weniger Schärfe ent-fernen, fein hacken, mit Chilipulver unterrühren. Fisch kalt abbrausen, trocken tupfen, zerpflücken, mehrere Minuten darin gar dünsten, salzen, pfeffern. Etwas abkühlen lassen, mit den Händen zu einer Füllung zerdrücken.

3. Füllung auf Wraps verstreichen, fest aufrollen, diagonal halbieren. Tomatensauce salzen und pfeffern. Wraps auf Teller setzen, Tomatensauce dazu servieren.

●—

Chefkoch Lakmal

»Tun Sie Geist und Körper gezielt Gutes!«

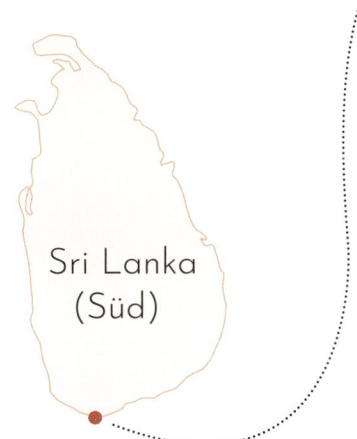

Sri Lanka
(Süd)

LUSH LIFE VILLA

Tradition trifft auf Moderne in einer üppig-grün gestalteten Oase

Das kleine Resort wurde erst 2016 eröffnet und wird von einem kanadischen Ehepaar geleitet. Obwohl nicht weit von den Sehenswürdigkeiten des Südwestens entfernt und sich Ausflüge in die Umgebung anbieten, ist das Lush Life selbst eine überaus geschmackvoll gestaltete, kleine Oase, die zum Verweilen einlädt: Das Haus liegt umschlossen von tropischen Wäldern und Reisfeldern. Das Mobiliar wurde von ansässigen Handwerkern geschnitzt, die Stoffe sind aus umweltfreundlichem Material, oft ebenfalls von Hand gemacht. Für die traditionelle Bauweise der Terrasse wurde das Holz des Ceylon-Zimtbaums ganz ohne Nägel verwendet.

Ganz im Gegensatz zur versteckten Lage ist die Küche von Chefkoch Lakmal modern und aufgeschlossen. Trotz seiner jungen Jahre konnte er schon Erfahrung in vielen renommierten Hotels der Insel sammeln und ist überzeugt davon, dass ayurvedische Ernährung sich nicht nur positiv auf unsere Gesundheit auswirkt. »Ich glaube, dass unsere Gäste dank Ayurveda ein besseres Gefühl dafür gewinnen, sich gut zu ernähren.« Serviert werden die doshagerechten Menüs nach Wunsch im Restaurant, im Garten oder auf der eigenen Terrasse. Die leckeren Produkte stammen aus eigenem Anbau oder werden marktfrisch eingekauft. Auf besondere Ernährungsmethoden muss nicht verzichtet werden: Selbst hausgemachter Joghurt oder ein westliches Frühstück stehen zur Wahl.

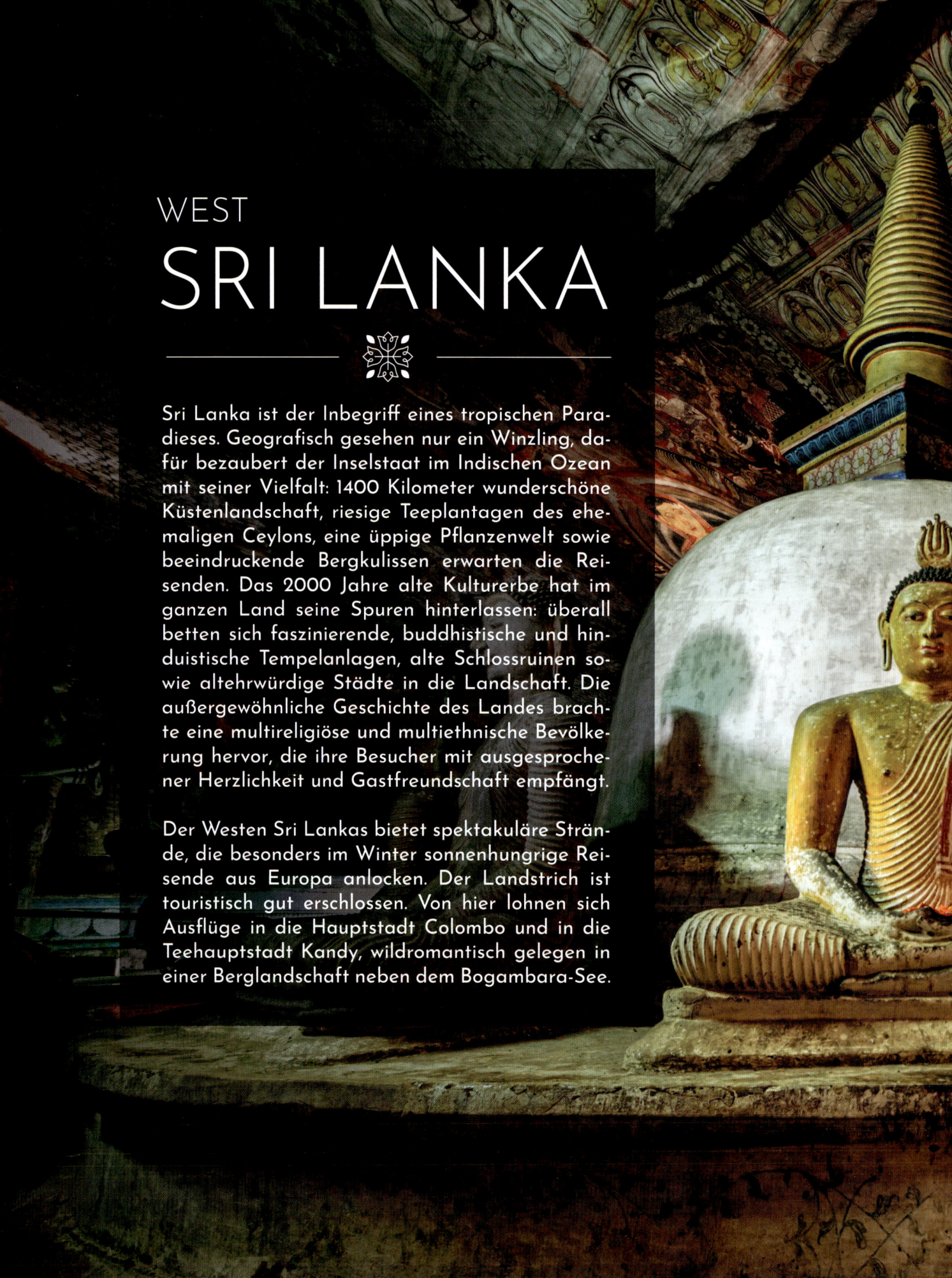

WEST
SRI LANKA

Sri Lanka ist der Inbegriff eines tropischen Paradieses. Geografisch gesehen nur ein Winzling, dafür bezaubert der Inselstaat im Indischen Ozean mit seiner Vielfalt: 1400 Kilometer wunderschöne Küstenlandschaft, riesige Teeplantagen des ehemaligen Ceylons, eine üppige Pflanzenwelt sowie beeindruckende Bergkulissen erwarten die Reisenden. Das 2000 Jahre alte Kulturerbe hat im ganzen Land seine Spuren hinterlassen: überall betten sich faszinierende, buddhistische und hinduistische Tempelanlagen, alte Schlossruinen sowie altehrwürdige Städte in die Landschaft. Die außergewöhnliche Geschichte des Landes brachte eine multireligiöse und multiethnische Bevölkerung hervor, die ihre Besucher mit ausgesprochener Herzlichkeit und Gastfreundschaft empfängt.

Der Westen Sri Lankas bietet spektakuläre Strände, die besonders im Winter sonnenhungrige Reisende aus Europa anlocken. Der Landstrich ist touristisch gut erschlossen. Von hier lohnen sich Ausflüge in die Hauptstadt Colombo und in die Teehauptstadt Kandy, wildromantisch gelegen in einer Berglandschaft neben dem Bogambara-See.

Sri Lanka
(West)

Chefkoch de Abrew

»Wie spannend, dass sich
gerade junge Menschen
so für gesunde Ernährung
interessieren!«

JETWING AYURVEDA PAVILIONS

Ein Hafen der Ruhe und Gelassenheit, besonders für Vegetarier

In Europa setzt man ayurvedische Küche häufig mit vegetarischer Ernährung gleich. Dem ist nicht so. In den Jetwing Ayurveda Pavilions jedoch hat man sich ausschließlich auf vegetarische Speisen spezialisiert. »Ich liebe es zu kochen«, sagt Chefkoch de Abrew, »und habe große Freude daran, spezielle Gerichte zu kreieren.« Die Hingabe, mit der er und sein 34-köpfiges Kochteam sich der Aufgabe widmen, Gäste vegetarisch und gesund zu verwöhnen, ist herzwärmend.

Die Jetwing Ayurveda Pavilions gehören zu einer Hotelgruppe und sind im Familienbesitz. 1970 gründete Herbert Cooray — ein Visionär und Tourismus-Pionier — das erste Hotel auf der Insel. Mittlerweile sind, über ganz Sri Lanka verstreut, knapp dreißig Hotels dazu gekommen. Das Haus besticht durch seinen paradiesischen Garten und einen hohen Grad an Privatsphäre. Zwölf exklusive Pavillons verteilen sich anheimelnd wie ein kleines Dorf über das Retreat-Gelände. Ayurvedische Anwendungen werden entweder im Ayurveda-Zentrum oder in der Privatsphäre des eigenen Bungalows angeboten. Das Team qualifizierter Ayurveda-Ärzte und Therapeuten bietet eine Vielzahl solcher Behandlungen an. Wem doch einmal der Sinn nach Aktivität steht: Jetskifahren wird ebenso arrangiert wie Ausflüge in die nähere Umgebung oder in den unterhaltsamen Urlaubsort Negombo.

www.fitreisen.de/jetwing-pavilions

CURRY MIT SALAT-GURKE, JOGHURT UND TOMATENWÜRZE

❁

Ein überaus gesundes Abendessen an warmen Tagen, erfrischend, angenehm sättigend und ganz fix gemacht.

ZUTATEN

- 1 große Salatgurke
- 1 grüne Chili
- 60 ml Olivenöl
- 1 TL Kreuzkümmelsamen
- 1 grüne Kardamomkapsel
- 1 Zimtstange
- 1 TL Korianderpulver
- 1 TL Zucker oder 1 EL Jaggery
- 1 EL Tomatenmark
- 3 EL Joghurt
- Salz

ZUBEREITUNG

1. Salatgurke bei Bedarf schälen, halbieren, Kerne herauskratzen, längs vierteln, in daumendicke Würfel schneiden. Chili fein hacken.
2. Olivenöl in einer Pfanne erhitzen. Kreuzkümmel und Zimt einige Minuten bei mittlerer Hitze anrösten. Restliche Gewürze und Zucker (Jaggery) mit Tomatenmark unterrühren.
3. Gurkenwürfel und Joghurt unterrühren, salzen und bei mittlerer Hitze einige Minuten erwärmen. Nochmal durchrühren. Bei Wunsch mit Reis servieren.

TIPP   Das Hotel serviert dieses Curry auch gerne mit Aloe Vera-Blättern.

RAGOUT MIT AUBERGINEN UND ROHER MANGO

※

Chefkoch Deshpriya lässt die an Erbsen erinnernden winzigen Auberginen (bei uns heißen sie auch Türkenbeeren, Solanum torvum) wild sammeln, weil er diese für besonders gesund hält.

ZUTATEN

- 1 Haushaltszwiebel
- 3 EL Kokosöl
- ½ TL Senfsaat
- Curryblätter nach Belieben
- 1 unreife Mango

- 200 g Erbsenauberginen
- 2–5 frische Chilis
- 1 TL Kurkuma
- Salz

ZUBEREITUNG

1. Zwiebel abziehen, in feine Ringe schneiden. 2 EL Kokosöl in einer Pfanne erhitzen. Zwiebelringe bei mittlerer Hitze etwa 5 Minuten glasig dünsten. Senfsaat unterrühren und erwärmen, bis sie aufplatzt. Curryblätter abzupfen, einige Minuten erwärmen. Beiseitestellen.

2. Mango schälen, fein hacken. Erbsenauberginen kalt abbrausen, entstengeln. Beides mit Chilis, Kurkumapulver in wenig Salzwasser in einem Topf einmal aufwallen lassen, etwa 15 Minuten weich köcheln, bei Bedarf Kochwasser abgießen. Gemüse zerdrücken, Zwiebelmischung unterrühren, bei Bedarf nachsalzen. In Schüsselchen anrichten und gleich servieren.

 Tipp von Chefkoch Deshpriya: »Die kleinen Auberginen haben eine recht harte Schale und sind zum Mittag besser verdaulich als abends.«

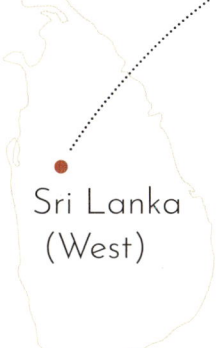

Sri Lanka
(West)

Chefkoch Deshpriya

»Das Kochen habe ich
zu Füßen meiner
Großmutter gelernt.«

AYURVEDA PARADISE MAHO

Im Herzen Sri Lankas werden Erholungsträume wahr

Das Innere Sri Lankas ist noch weitgehend unberührt. Diese Ursprünglichkeit faszinierte den Hotelgründer Werner Simon, der das tropische Fleckchen Erde für sich entdeckte. An dem frisch renovierten Haus schätzen Gäste die Abgeschiedenheit im Einklang mit der Natur und das angenehme Klima. Meist weht ein laues Lüftchen, es ist weniger feucht als am Meer, die Temperaturen sind nicht ganz so hoch, die Luft ist mild und sauerstoffreich. Beste Voraussetzungen, um aufzutanken, beispielsweise in der ayurvedischen Sauna am See.

In den hoteleigenen Gärten reifen Obst, Gemüse und Kräuter heran. Die Kochkunst von Chefkoch Deshpriya nimmt eine bedeutende Rolle im Heilungsprozess ein. Er verfolgt seinen Beruf mit Leidenschaft und liebt die ayurvedischen Grundprinzipien. »Als Kind erschien es mir wie Zauberei, wenn ich meiner Großmutter beim Gewürze mischen zusah. Selbst heute bin ich von ihren Kochkünsten noch fasziniert«, sagt er. Er durchlief eine klassische Lehre und schaute sich von bekannten Köchen viel ab. Gleichzeitig begann er, nach traditionellen Rezepturen zu suchen. Oft wurden ihm solche Rezepte von alten Menschen geschenkt. Dieses Kochwissen bildet die Basis, auf der er mit den Ayurveda-Ärzten zusammenarbeitet. »Wenn ich mit meiner ayurvedischen Küche dazu beitragen kann, Beschwerden zu lindern, macht es mich sehr stolz.«

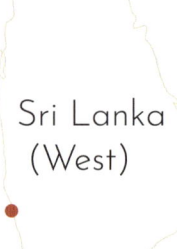

Sri Lanka
(West)

Chefkoch Maduranga

»Durch richtige
Ernährung zu innerer
Ausgeglichenheit finden.«

LIFE AYURVEDA RESORT

Heilung und Harmonie: Im Life wird Ayurveda gelebt

Das von wogenden Palmen bestandene, kleine Refugium direkt am Meer hat sich über die Jahre zu einem Geheimtipp entwickelt. Hier fühlt sich jeder gut aufgehoben – auch Alleinreisende. Das hat seinen Grund: Anil Irwin Mamayakkara mit seinem erfahrenen, vielköpfigen Ayurveda-Team bringt die Gäste genussvoll und umsorgt durch den Tag.

Ayurveda hat im Life Resort oberste Priorität. Gäste, die hier einkehren, suchen keinen Aktivurlaub. Hier kann man mit allen Sinnen in ein Lebensgefühl eintauchen, das fernöstliche Entspannung und Ruhe ausstrahlt. Nicht weit entfernt bieten sich Ablenkungen jeder Art, aber die charmante Hotelanlage und die köstliche Küche von Chefkoch Maduranga verführen zum Bleiben.

Wer am Kochen interessiert ist und die Genüsse in Deutschland nachkochen möchte, kann sich gerade beim Würzen viel von dem erfahrenen Küchenchef abschauen. Er schätzt Kardamom und Kreuzkümmel, zwei Gewürze, für die man ein zurückhaltendes Händchen benötigt. Seit zehn Jahren kocht er ayurvedisch, beruflich und privat, und resümiert: »Ayurveda ist für mich der Schlüssel zu Gesundheit und Wohlbefinden.«

Auch das medizinische Ayurveda-Team gibt sein Wissen gerne weiter. Dank des großen Erfahrungsschatzes bildet es in der Lotus Ayurveda Akademie selbst Ayurveda-Therapeuten aus. Urlauber sind hier nicht nur kulinarisch, sondern auch auf Kurreisen in besten Händen.

www.fitreisen.de/life-ayurveda

FRÜHSTÜCKBÄLLCHEN AUS GEWÜRZTEM GRIESS

❋

Aus der indischen Küche nicht wegzudenken sind diese als Khara Bath bezeichneten Energiebällchen, pikant abgeschmeckt ganz einfach nachzukochen.

ZUTATEN

- 80 g Grieß
- 1 Schalotte
- 1 EL Ghee
- 1 EL Pflanzenöl
- ½ TL Senfsaat
- ½ TL Bockshornklee
- 1 frische grüne Chilischote
- 6 Curryblätter
- Salz
- 15 Cashewnüsse
- Koriandergrün zum Garnieren

ZUBEREITUNG

1. Eine beschichtete Pfanne erwärmen, Grieß unter Rühren bei leichter Hitze rösten, beiseitestellen. Zwiebel abziehen, fein hacken.
2. Ghee und Öl in der Pfanne erwärmen, Senfsaat und Bockshornklee 2 Minuten rösten, bis die Senfsaat aufplatzt. Curryblätter und Chili mit Grieß unterrühren, alles salzen, 150 ml heißes Wasser angießen, einmal aufwallen lassen, bei leichter Hitze mehrere Minuten gar köcheln. Bei Bedarf abtropfen lassen. Cashewnüsse hacken, unterrühren.
3. Zum Servieren in Förmchen füllen und stürzen.

TIPP — Tipp von Chefkoch Maduranga: Füllen Sie die Grießbällchen mit Gemüseresten vom Vortag!

FISCHFILET MIT MANDELN UND WEISSEN BOHNEN

Chefkoch Anurundha verwendet Olivenöl und Honig für dieses Gericht – das klingt ja eher italienisch. Aber ayurvedischer Genuss kann sich eben auch mit internationalen Aromen entfalten.

ZUTATEN

- 600 g Barramundifilet (oder Heilbutt)
- 1 Msp. Kreuzkümmelpulver
- 1 Msp. Kurkumapulver
- 1 EL flüssiger Honig
- 4 EL Olivenöl
- ¼ Blumenkohl
- 60 ml Milch
- Salz und schwarzer Pfeffer aus der Mühle
- 1 Schalotte
- 100 g weiße Bohnen (Dose)
- 40 g Mandeln

ZUBEREITUNG

1. Fisch kalt abbrausen, trocken tupfen. Gewürze mit Honig und 2 EL Olivenöl glattrühren, Fisch auf einer Seite damit bestreichen, 10 Minuten marinieren.
2. Blumenkohl putzen, fein hacken. Milch erwärmen, salzen, pfeffern, Blumenkohl etwa 10 Minuten weich dünsten, pürieren. Schalotte abziehen, fein hacken.
3. 1 EL Olivenöl in einer Pfanne erhitzen, Schalottenstückchen mehrere Minuten glasig dünsten, aus der Pfanne heben, restliches Öl angießen, Fisch vierteln, mit der marinierten Seite nach unten etwa 6 Minuten bei mittlerer Hitze ausbacken, wenden, abdecken, vom Herd ziehen, etwa 3 Minuten nachgaren, bis er nicht mehr glasig ist. Salzen und pfeffern.
4. Zum Anrichten auf Teller geben, mit Blumenkohlpüree, Schalotten und Mandeln servieren.

TIPP Chefkoch Anuruddha serviert den edlen Barramundi mit frittierter Fischhaut als Dekoration.

Sri Lanka
(West)

HERITANCE AYURVEDA MAHA GEDARA

Eintauchen in das ayurvedische Erbe Sri Lankas

Im komfortablen 4-Sterne-Resort, gelegen an einem der beliebtesten Strände Sri Lankas, wird eine besondere ayurvedische Lebensphilosophie praktiziert, das Ayubowan. »Lebe länger« heißt es übersetzt. Es ist das stolze Vermächtnis von Ayurveda auf Sri Lanka und findet sich als Leitsatz überall im Heritance Ayurveda Maha Gedara wieder. Den individuellen Schwerpunkt ihrer Ayurveda-Kuren setzen Gäste dabei selbst und können zwischen Stressbewältigung, Schlankheitskur und einer verjüngenden Entspannungskur wählen. Erholungssuchenden steht dazu ein großes Team aus Ayurveda-Ärzten und Therapeuten zur Seite. Auch das traumhafte Umfeld wirkt heilsam.

Die Küche des mehrfach ausgezeichneten Chefkochs Anuruddha ist ganz auf das kulinarische Wohlbefinden der Gäste ausgerichtet. Er hat viele Jahre in internationalen Hotels gearbeitet und sich zum Ayurveda-Spezialisten ausbilden lassen. »Nicht jedes Nahrungsmittel ist gut für unser inneres Gleichgewicht«, weiß er aus Erfahrung. Vom hauseigenen Kräuteranbau profitieren nicht nur die Ayurveda-Spezialisten, sondern auch die Küche. Überdies hat Chefkoch Anuruddha sich in Indien lange mit der Heilkraft von Gewürzen beschäftigt, gilt aber auch als Experte für Meeresfrüchte und Fisch. Er ist überzeugt von den nachhaltig heilenden Kräften ayurvedischer Ernährung. Wenn der Gast die Trauminsel Sri Lanka wieder verlassen muss, gibt es hilfreiche Tipps mit nach Hause, wie sich ein solches Wissen in den Alltag integrieren lässt.

Sri Lanka
(West)

Chefkoch Dhammika

»Der gute Geschmack ist
doch das Wichtigste.«

BARBERYN REEF AYURVEDA RESORT

Sri Lankas erstes Ayurveda-Resort

Familie Manik Rodrigo gründete 1982 das Barberyn Reef Resort, damals das erste auf Ayurveda spezialisierte Haus auf ganz Sri Lanka. Für diese Pionierarbeit,
aus der inzwischen vier Ayurveda-Hotels hervorgegangen sind, wurde das Barberyn
mehrfach vom Präsidenten Sri Lankas ausgezeichnet. Es liegt direkt am Strand des
Indischen Ozeans und wurde in traditioneller Bauweise errichtet. In Zusammen-
arbeit mit der Universität von Ruhuna hat die Familie ein eigenes Register der ayurvedischen Heilpflanzen erstellt, die auf Sri Lanka vorkommen. Selbstverständlich
basieren auch die Anwendungen auf natürlichen Heilmitteln. Yoga und Meditation
gehören zum Heilungsplan. Überall ist für Ruhezonen gesorgt. Der ayurvedische
Grüngarten lohnt immer wieder für Erkundungsgänge.

In diesem von Nachhaltigkeit geprägten Umfeld ist es nur natürlich, dass die Kochkunst eine große Rolle spielt. Chefkoch Dhammika prägt die Küche des Resorts
seit einem Vierteljahrhundert. Auch die Eigentümer des Resorts haben ein großes,
persönliches Interesse an gesunder Ernährung und sind allem gegenüber offen, was
kulinarisch für Innovationen sorgt. Dhammika plädiert für einen bewussteren Genuss: »Lassen Sie sich in Ruhe und Bissen für Bissen auf das Aroma der Speisen
ein, spüren Sie, wie jedes Gericht anders schmeckt«, sagt er und setzt verschmitzt
hinzu: »Wenn Ihnen vor Vorfreude das Wasser im Munde zusammenläuft, habe ich
meinen Job getan.«

www.fitreisen.de/barberyn-reef

CURRY MIT ROTEN LINSEN IM KOKOS-LIMETTEN-SUD

Diesen Klassiker aus der Küche Sri Lankas können Sie in einer halben Stunde auf den Tisch bringen. Es ist leicht verdaulich und liefert viel Eiweiß und Vitamine.

ZUTATEN

- 1 Schalotte
- 1 Knoblauchzehe
- 1 EL Pflanzenöl
- 2–3 Stängel Curryblätter
- 100 g rote Linsen

- ½ TL Currypulver
- ½ TL Kurkumapulver
- 600 ml Kokosmilch
- 1–2 Limetten
- Salz

ZUBEREITUNG

1. Schalotte und Knoblauchzehe abziehen, fein hacken. Pflanzenöl in einem Topf erwärmen. Schalotten- und Knoblauchstückchen darin mehrere Minuten glasig dünsten. Curryblätter abzupfen, einige zur Dekoration beiseitelegen, Rest mehrere Minuten goldbraun garen.
2. Linsen kalt abbrausen, mit den restlichen Gewürzen und Kokosmilch einmal aufwallen lassen, dann etwa 12 Minuten weich garen. Limette(n) pressen, unterrühren, mit Salz würzen.
3. Zum Servieren auf Teller geben und mit Curryblättern garniert warm servieren.

TIPP

Tipp von Chefkoch Dhammika: Decken Sie sich bei uns mit Curryblättern für zu Hause ein.

PIKANT GEFÜLLTE JACKFRUCHT

❖

Verzehrfertige Jackfruit findet man im gut sortierten Asialaden.

ZUTATEN

- 100 g Mungbohnen
- Salz
- 1 Schalotte
- 1–2 Knoblauchzehen
- 2 EL Kokosöl
- ¼ TL Senfsamen
- 10 Bockshornsamen
- 6 Curryblätter
- 3 Zimtstangen
- ½ TL Chilipulver
- 8 Stück küchenfertige Jackfruit
- 600 ml Kokosmilch
- schwarzer Pfeffer
  aus der Mühle

ZUBEREITUNG

1. Mungbohnen über Nacht einweichen, abgießen, in wenig Salzwasser etwa 15 Minuten köcheln, abgießen, beiseitestellen. Schalotte und Knoblauch abziehen, fein hacken. Kokosöl in einer großen Pfanne erhitzen, Senfsamen und Bockshornsamen einige Minuten garen, bis sie aufplatzen und ihr Aroma entfalten.
2. Schalotten- und Knoblauchstückchen mehrere Minuten glasig dünsten, restliche Gewürze unterrühren, Mungobohnen einrühren und einige Minuten trocken köcheln. Kokosmilch erhitzen, pikant salzen und pfeffern.
3. Mungbohnenfüllung in Jackfruit füllen, mit Zahnstochern fixieren, in Kokosmilch einlegen, einige Minuten köcheln, bei Bedarf nachwürzen, warm servieren.

Sri Lanka
(West)

Chefkoch Darshana

»Die Menschen wollen
Verantwortung für ihre
Gesundheit übernehmen.
Ayurveda gibt ihnen die
Möglichkeit dazu.«

AMBA AYURVEDA BOUTIQUE HOTEL

Neues Resort mit ökologischem Gesamtkonzept

2012 wurde das Amba Ayrurveda im Südwesten der Insel erbaut. Besonders viel Wert wurde auf eine moderne Architektur verbunden mit ökologischer Nachhaltigkeit gelegt. Sonnenkollektoren und ein natürliches Abwassersystem sind, wie der mit Meereswasser gespeiste, große Pool, Säulen dieses Konzepts. Authentizität bei Ayurveda wird großgeschrieben, wobei der Gast aus einer ganzen Palette an Anwendungen wählen kann – von der Schnupperkur bis zu Ayurveda Panchakarma.

Chefkoch Darshana und sein Team unterstützen den Heilungsanspruch mit ihrer ayurvedischen Kochkunst. Ausgebildet als Koch sowohl in westlicher als auch ayurvedischer Küche hat er die Erfahrung gemacht, dass Ayurveda häufig als Ergänzung zu klassischer Medizin eingesetzt wird. »Ich glaube, viele Menschen suchen nach einem ganzheitlichen Ansatz für mehr Wohlbefinden. Ayurveda bietet das und wir sind stolz darauf, unseren Gästen helfen zu können.«

Das Hotel hat einen westlichen Ausstattungsstandard, von der Regendusche über Matratzen aus Naturlatex bis zu ayurvedischen Pflegeprodukten auf jedem Zimmer. Bilder einheimischer Künstler ermöglichen einen Einblick in die aktuelle Kunstszene. Eine deutschsprachige Gästebetreuung rund um die Uhr sorgt für die Erfüllung aller Wünsche und arrangiert lohnende Ausflüge in die nähere Umgebung.

Sri Lanka
(West)

Chefkoch Ariyadasa

»Ich möchte die Gäste
wieder zum Kochen
verführen!«

MUTHUMUNI AYURVEDA BEACH RESORT

Den Stress vergessen lernen an einem der schönsten Strände der Insel

In einer großzügigen Gartenanlage direkt am Meer hat sich das Muthumuni Ayurveda Beach Resort der Erholung nach ayurvedischen Grundsätzen verschrieben.
Zehntausend Quadratmeter umfasst die Anlage. Da macht es Spaß, sich treiben
zu lassen und sich zu verlaufen, bis man sein eigenes Plätzchen gefunden hat: zum
Entspannen, zum Nachruhen und zum Träumen.

Chefkoch Ariyadasa kommt aus dem indischen Bundesstaat Kerala. Die Mischung
aus indischer und singhalesischer Küche nach Vorgaben der Ayurveda-Ärzte macht
seine Gerichte zu einem besonderen Genuss für Gäste. »Jeden Tag etwas Frisches
kochen«, ist sein Credo. Was in seiner Küche ganz natürlich praktiziert wird, würde
er den Gästen gerne mit auf den Weg nach Hause geben. »Diese Art des Kochens
bewirkt Balance im Körper und stellt den Geist zufrieden«, davon ist Ariyadasa
überzeugt. Dies hilft auch bei Anti-Stresskuren, auf die sich das Hotel spezialisiert
hat. Der bewusste Einsatz von Kräutern und eine ayurvedische Ernährung ist dabei
stets Teil der Programme. Wenn man Ariyadasa am Herd beobachtet, wie er sorgfältig die Zutaten auswählt, zubereitet und mit Bedacht Gewürze hinzufügt, um dem
Gericht die feinsten Aromen zu entlocken, könnte man auch sagen: Kochen ist Liebe.

www.fitreisen.de/muthumuni-beach

ZWIEBEL-KOHILA-CURRY

✳

Die Vielseitigkeit der Ayurveda-Würze zeigt sich in diesem Rezept.

ZUTATEN

- 250 g frische Kohilawurzel
- 1 Schalotte
- 1 kleine Knoblauchzehe
- 1 frische grüne Chili
- 1 EL Kokosöl
- 3 Stängel Curryblätter
- 1 TL Korianderpulver
- 1 Zimtstange
- ½ TL Bockshornklee
- 1 Msp. Kurkumapulver
- 500 ml Kokosmilch
- Salz und schwarzer Pfeffer aus der Mühle
- 1 kleine Zitrone

ZUBEREITUNG

1. Kohilawurzel fein schneiden, Schalotte und Knoblauch abziehen, fein hacken, Chili fein hacken. Kokosöl in einer Pfanne erhitzen, Zwiebel-, Knoblauch- und Chilistückchen mehrere Minuten weich dünsten, Curryblätter unterrühren. Goldbraun braten. Restliche Gewürze unterrühren.

2. Kohilawurzel unterziehen, Kokosmilch angießen, gut durchrühren, salzen, pfeffern, einmal aufwallen lassen, dann abgedeckt etwa 10 Minuten weich ziehen lassen. Zitrone pressen. Zum Anrichten in Schüsselchen geben und mit Zitronensaft beträufeln. Dazu passt Reis.

EUROPA

Ayurveda ist heute weit verbreitet. Um sich in behutsame Hände zu begeben, die sich mit Sachkenntnis, Hingabe und ganzheitlichen Anwendungen für Körper, Geist und Seele um Gesundung und Wohlbefinden kümmern, gibt es inzwischen auch in unseren Breitengraden eine schöne Auswahl. Für Menschen, die bereits auf den Spuren von Ayurveda in Indien und Sri Lanka unterwegs waren, mag ein Kennenlernen des hiesigen Angebots besonders spannend sein.

Mittlerweile bieten zahlreiche Hotels in Europa authentisches Ayurveda an. Ob Portugal, Slowenien oder Deutschland - hier lässt sich die Heilkunst in all ihren Facetten, auch als mehrtägige Schnupperkur, erleben. Und dazu muss man nicht einmal groß die Uhr umstellen.

Chefköchin Letícia Cassap

»Ayurvedisches Kochen
ist die Suche nach dem
Gleichgewicht.«

Madeira

HOTEL ALPINO ATLANTICO

Ayurveda auf Madeira unter deutscher Leitung

Vom Rauschen des Meeres geweckt werden, eintauchen in exotische Aromenwelten, nachhaltig Urlaub machen: Nichts leichter als das! Auf Madeira, der Sonneninsel im Atlantik, hat das erste authentische Ayurvedacenter eröffnet. Das Hotel Alpino Atlantico hat sich ganz der ayurvedischen Lehre verschrieben, auch kulinarisch. Küchenchefin Letícia Cassapo, die ebenfalls für das Schwesterhotel Galosol verantwortlich ist, begeistert sich jeden Tag aufs Neue für Kreationen mit heimischen Produkten.

Das große Interesse der gebürtigen Madeirerin gilt der vegetarischen Ernährung und ihrer großen Leidenschaft, den gesundbringenden Eigenschaften der Ayurvedaküche. »Sie gleicht einem Spiel, in dem mir als Köchin die Aufgabe zukommt, für jeden Gast die Gerichte zuzubereiten, die ihn in ein individuelles, perfekt austariertes Gleichgewicht versetzen.«

Das sucht das Hotel auch beim Thema Umweltschutz. Nachhaltigkeit, Verbrauchsreduzierung und die allgemeine Verringerung der Umweltbelastung durch den Hotelbetrieb sind Themen, die kontinuierlich bearbeitet werden.

www.fitreisen.de/alpino-atlantico

GEFÜLLTE ANANAS

❖

Chefköchin Cassapo empfiehlt diesen angenehm würzigen Frucht-
salat an warmen Sommertagen.

ZUTATEN

- 1 Ananas
- 1 EL Ghee
- 1 EL Currypulver
- 3 Römersalatherzen
- 2 EL Pinienkerne
- 2 EL Pistazienkerne
- 1 ½ EL Granatapfelkerne

ZUBEREITUNG

1. Ananas längs halbieren, Fruchtfleisch längs und quer einschneiden,
   auslösen, etwas kleiner hacken, in eine Schüssel geben.
2. Ghee in einem Topf erhitzen, Ananaswürfel mit Currypulver mehrere
   Minuten erwärmen. Römersalatherzen putzen, waschen, in feine
   Streifen schneiden. Mit den restlichen Zutaten vermengen und
   zurück in die Ananas füllen.

TIPP
Zum Garnieren eignen sich Dill, Schnittlauch oder
Koriandergrün.

KNUSPRIG GEBACKENER PANEERKÄSE

Chefkoch Chakkapan macht Paneerkäse aus 1 Liter aufgekochter Vollmilch mit einem Schuss Zitrone. Rühren, bis die Milch ausflockt, abtropfen lassen, feste Bestandteile in eine eckige Form drücken, im Kühlschrank fest werden lassen. Ergibt etwa 200 g.

ZUTATEN

- 4 Tomaten
- 2 EL Pflanzenöl
- 8 Cashewkerne
- 2 Schalotten
- 2 cm Ingwerwurzel
- 2 EL Pflanzenöl
- ½ TL Chilipulver
- ½ TL Garam Masala (Gewürzmix, auch im gut sortieren Reformhaus)
- ½ TL Korianderpulver
- 200 g Paneerkäse (im Internet, ggf. Asialaden)
- Salz
- 50 g Butter

ZUBEREITUNG

1. Tomaten waschen, halbieren, fein hacken. Cashewkerne halbieren. Schalotten abziehen, fein hacken. Ingwer schälen, fein reiben.

2. Pflanzenöl in einer Pfanne erhitzen, Schalottenstücke mehrere Minuten glasig dünsten, Gewürze unterrühren. Tomaten, Cashews und Ingwer einrühren, etwa 10 Minuten einköcheln.

3. Paneer in dünne Scheiben aufschneiden. Butter in einer Pfanne erhitzen. Paneerscheiben von allen Seiten etwa 8 Minuten bei mittlerer Hitze knusprig braun braten, salzen. Zum Tomaten-Cashew-Curry servieren.

 Dazu passt süßer Reis mit Rosinen und Kurkuma oder Basmatireis.

Slowenien

Chefkoch Chakkapan

»Ayurvedische Küche
ist Wissenschaft und
Kunst zugleich.«

HOTEL THERMANA PARK LAŠKO

Indisches Ayurveda in einem slowenischen Wellnesstempel

Die Lage am Flussufer des Savinja ist beneidenswert, lauschig und ruhig. Man kommt hierher zum Fliegenfischen oder aber für einen Kuraufenthalt der Extraklasse. Die Wirkung des Heilwassers ist wissenschaftlich belegt. Das Wasser ist angenehm temperiert, wirkt lindernd und ist als Trinkkur geeignet. Hier hat sich ein Ayurvedazentrum angesiedelt, das seine Expertise wie auch seine Mitarbeiter aus Indien mitgebracht hat. Es bietet sich für einen längeren Kuraufenthalt an, ist aber auch ein guter Einstieg für Neulinge, die Ayurveda für sich ausprobieren möchten. Ein Yogatrainer führt durch die täglichen Yogastunden.

Für die ayurvedische Küche ist Chefkoch Chakkappan zuständig, der seine Gäste schon seit sechs Jahren auch über die Kulinarik gesunden lässt. »Individuell auf die gesundheitlichen Bedürfnisse und die körperliche Konstitution zugeschnittene Gerichte zu kreieren«, das war schon sein Anspruch in indischen Restaurants. Hier kann er, unterstützt von Frau und Töchterchen Eva-Maria, die mit ihm in Laško leben, seine Gerichte in einem eigens für Ayurveda-Gäste gedachten Speisesaal auftischen. Wer die weitläufige Wasserlandschaft des Hotels mit Innen- und Außenpool doch mal verlassen möchte, kann Exkursionen ins Umland machen. Das lässt sich bestens mit dem Fahrrad erkunden. Auch Wanderer kommen hier auf ihre Kosten.

Deutschland

Chefkoch Pererage

»Gewürze unterstützen
den Heilungserfolg.«

SATHYA AYURVEDA - HOTEL VILLA AM PARK

Traditionelle Ayurvedakuren im Herzen Deutschlands

Unweit von Deutschlands längstem Barfußweg, den Salinen und der Toskana-Therme in Bad Orb liegt die Villa am Park, die authentisches Ayurveda mitten in Deutschland anbietet. Schon nach dem Eintreten wähnt man sich auf Sri Lanka. Das ist gewollt! Das Geschwisterpaar Nayomee und Prasat hat nicht nur Erfahrung, sondern auch den Lebensstil vom indischen Subkontinent mitgebracht. Die Ausstattung mit traditionellen Möbeln soll einstimmen auf die Wohltaten von Ayurveda, wie es auf Sri Lanka praktiziert wird. Das Team aus Ärzten und Therapeuten stammt von dort, jeder spricht jedoch sehr gut deutsch. Auf zwei Etagen werden Gäste mit traditionellen Kuren auf höchstem Niveau verwöhnt. Als Besonderheit bietet das Hotel Ayurveda zum Kennenlernen an. Klassische Ayurveda-Hotels in Indien und auf Sri Lanka haben zumeist mehrwöchige Aufenthalte im Programm. Im Sathya kann man auch für ein Wochenende oder während eines Kurzaufenthalts von bis zu vier Kurtagen »schnuppern«. Begleitend stehen Yoga und Meditation auf dem Stundenplan. Dank der großzügig geschnittenen Hotelzimmer besteht die Möglichkeit, die Bewegungslehre in den eigenen vier Wänden außerhalb der öffentlichen Yoga- und Meditationsräume auszuprobieren.

Chefkoch Goldsun Antony Pererage ist ein Goldschatz, könnte man salopp sagen. Er sieht sich als Entertainer - in der Küche oder als Sänger und Gitarrist! Gelernt hat er die ayurvedische Kochkunst von seiner Mutter und seiner Großmutter, die ihn schon als Kind in die faszinierende Welt der exotischen, singhalesischen Gewürze entführten. Dieses Wissen sieht er als großes Privileg, denn »nicht jedem Menschen wurde die Gabe gegeben, andere Menschen durch sein Tun gesund zu machen. Ich kann mir keinen schöneren Beruf als den des Ayurveda-Kochs vorstellen.«

www.fitreisen.de/sathya-ayurveda

BITTERMELONEN-CURRY

Auf Sri Lanka liebt man den für den europäischen Gaumen gewöhnungsbedürftigen, recht bitteren Geschmack dieses Gemüse. Chefkoch Pererage weicht es in Salz ein, das entzieht Bitterstoffe.

ZUTATEN

- 500 g Bittermelone (Asialaden)
- Salz
- ½ TL Kurkumapulver
- ½ TL küchenfertige Tamarindenpaste (Asialaden)
- 1 Schalotte
- 1 kleine Knoblauchzehe
- 1 EL Kokosöl
- 1 TL Currypulver
- 1 Stängel Curryblätter
- 200 ml Kokosmilch
- Salz

ZUBEREITUNG

1. Bittermelone in dünnen Streifen schneiden, mit Salz bestreuen, in ein Sieb geben, 10 Minuten durchziehen lassen, kalt abbrausen. Vorgang bis zu 3 Mal wiederholen, trocken tupfen. Melone mit Kurkumapulver und Tamarindenpaste in einem Topf mit wenig Wasser bedecken, aufwallen lassen, 30 Minuten köcheln.
2. Schalotte und Knoblauchzehe abziehen, fein hacken. Kokosöl in einem Topf erwärmen, beides 5 Minuten glasig dünsten, Currypulver und Curryblätter unterrühren, einige Minuten anbraten. Kokosmilch angießen.
3. Bittermelone abgießen, unterrühren, einmal aufwallen lassen, 10 Minuten durchwärmen, heiß servieren.

SÜSS-PIKANTER GRIESSBREI

Statt Korinthen können Sie auch die süßeren Rosinen oder Sultaninen verwenden.

ZUTATEN

- 150 g Grieß
- 1 Schalotte
- 2 Tomaten
- 1 rote Paprikaschote
- 3 EL Butterschmalz oder Ghee
- 1 TL Senfsaat
- 4 Gewürznelken
- 1 Sternanis
- 1 Zimtstange
- 1 Prise Zucker
- 250 ml Milch
- 3 EL ungesüßte Kokosraspel
- 2 EL Korinthen
- Salz
- 3 EL Cashewkerne

ZUBEREITUNG

1. Grieß in einer großen beschichteten Pfanne ohne Fettzugabe mehrere Minuten anrösten, beiseitestellen. Schalotte abziehen, fein würfeln. Tomaten waschen, halbieren, Samen entfernen, fein würfeln. Paprikaschote waschen, längs halbieren, Samen entfernen, fein würfeln.

2. Butterschmalz oder Ghee in der Pfanne erwärmen. Schalottenstückchen, Senfsaat, Gewürznelken, Sternanis und Zimtstange mehrere Minuten erhitzen, bis die Senfsaat aufplatzt. Grieß unterrühren. Milch mit Zucker und Kokosraspel verrühren, angießen. Korinthen und alle Gemüse unterrühren.

3. Alles einmal aufwallen lassen, salzen, bei leichter Hitze abgedeckt etwa 20 Minuten weich köcheln. Sternanis und Gewürznelken entfernen. Auf Tellern anrichten, mit Cashewkernen garniert servieren.

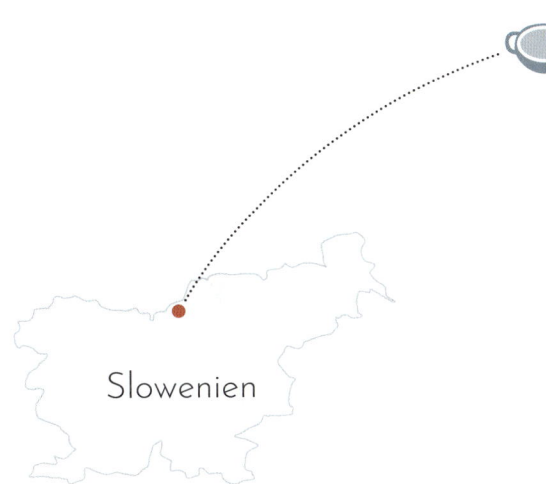

Slowenien

»In meiner Küche
werden Indien und
regionale Produkte
zusammengeführt.«

HOTEL PLESNIK

Ayurveda aus Kerala trifft auf slowenische Alpen

Ein familiengeführtes Boutiquehotel in herrlicher Lage, ein renommierter, indischer Ayurveda-Arzt und ein frisch renoviertes Wellnesscenter. Dazu ein junger, engagierter Koch und ein Bergpanorama, das zum Träumen, Entspannen oder aktiv sein einlädt. Im Hotel der Familie Plesnik im Herzen der slowenischen Kamnik Savinja Alpen findet man diese Oase der Ruhe, mit wenigen Zimmern, lebensnaher Architektur und einer weltoffenen Küche. Chefkoch Nenad kocht typisch ayurvedisch – kombiniert mit regionalen Produkten: »Ich verwende nur naturbelassene Lebensmittel, wie sie mir die Bauern von den umliegenden Höfen liefern.«

Die Ayurveda-Kuren unter Leitung von Dr. Shiyas Hussain Sheriff umfassen diverse klassische Massagetechniken. Auch Yoga und Meditation bietet das Hotel, überdies eine naturbelassene, kleine Wasserlandschaft. Mit Vergnügen lassen sich der Whirlpool mit Massagesitzen, das Außenschwimmbecken mit Ruhebereich und die Ruheräume mit Panoramablick genießen. Wer im Ayurveda-Urlaub auf sportliche Aktivitäten nicht verzichten möchte, dem seien Rafting, Mountainbiking und Klettern empfohlen. Auch möglich: Angeln und Wanderungen zu den vielen natürlichen Sehenswürdigkeiten des Logar-Tals. Die Anreise ist kurz. Von den aus Deutschland flächendeckend angesteuerten Flughäfen Klagenfurt und Ljubljana dauert die Fahrt nur eine gute Stunde und man ist mitten in der Erholung angekommen, ohne Jetlag und sogar ohne die Uhr umzustellen.

GLOSSAR

ASANT

Besitzt einen starken Geruch (deswegen auch der umgangssprachliche Name Teufelsdreck), ergänzt gegarte Gerichte jedoch sehr gut. Besonders gut passt das außergewöhnliche Gewürz zu Linsen, Bohnen und anderen Hülsenfrüchten. Gering dosieren, am besten vorher in Öl anschwitzen. Würzt ähnlich wie Zwiebeln und Knoblauch. Gilt als verdauungsfördernd. Aufgelöst in Buttermilch ein indisches Hausmittel gegen Magenbeschwerden.

BASMATIREIS

Für seinen Duft ist dieser Reis auf der ganzen Welt berühmt. Er eignet sich für Süßspeisen, als Beilage oder als pikant gewürztes Hauptgericht, wie zum Beispiel Pilaw. Ein Klassiker aus der indischen Küche ist Basmatireis mit Mungbohnen. Da er von allen Reissorten der am leichtesten verdauliche ist, ist er in der ayurvedischen Küche besonders beliebt. Er gilt als kühlend, süß und ist für alle Doshas geeignet.

CHILIS

Frische, unreife Chilis sind in Grüntönen gefärbt. Reif und getrocknet sind sie rot. Das Aroma variiert zwischen pikant, leicht süßlich und stechend scharf. Eine Faustregel: Je kleiner die Chili, desto schärfer ist sie. Meist im Ganzen verwendet, weil sie ausgemahlen schon nach Monaten an Aroma einbüßen. Chilis stärken das Verdauungsfeuer, wärmen und machen schwere Speisen leichter verdaulich. Sie enthalten beträchtliche Mengen an Vitamin C und Vitamin A. Im Gegensatz zur indischen werden sie in der ayurvedischen Küche in geringer Dosierung oder als ganze Chilis verwendet. Die Schärfe soll keinesfalls vorrangig, sondern nur dezent spürbar sein.

CURRYBLÄTTER

Gehören in der südindischen Küche in viele Gerichte, werden aber häufig nur als Aromat verwendet und nicht mitgegessen. Besonders gerne für Linsengerichte, Curries, Suppen und rein Vegetarisches verwendet, weil es den Geschmack angenehm abrundet und nicht zu aufdringlich würzt. Frische Curryblätter lassen sich einfrieren. In Asialäden gibt es Curryblätter in getrockneter Form, die weniger intensiv schmecken. Curryblätter finden Einsatz bei Diabetes, ebenfalls zur Stärkung der Leber und bei Augenerkrankungen.

GHEE

Geklärte Butter, auch als Butterschmalz bekannt. Beim Erhitzen von Butter bildet sich ein Schaum, der abgeschöpft wird. Das Endprodukt enthält keine Wasser- und Eiweißanteile und keinen Milchzucker mehr. In der ayurvedischen Küche gilt Ghee als Allheilmittel und Lebenselixier. Es lässt sich gut erhitzen, ohne zu verbrennen. Überdies kommt es bei schlechter Verdauung zum Einsatz, soll eine entgiftende und cholesterinsenkende Wirkung haben und ist, in geringer Dosierung, für alle Doshas geeignet.

INGWER

Wie Ayurveda selbst sind die heilenden Wirkstoffe der Ingwerpflanze bereits seit vedischer Zeit bekannt. Die Knolle ist mittlerweile selbst im Supermarkt erhältlich, lässt sich gut einfrieren, portionsweise frisch reiben oder in dünne Scheiben schneiden. Curries mit Fleisch und Gemüse werden mit Ingwer gewürzt, ebenso Chutneys und Marinaden. In Kombination mit Knoblauch entsteht eine Würzpaste, die sich zurückhaltend dosieren lässt. Die verdauungsfördernden Eigenschaften von Ingwer sind bekannt: Die ayurvedische Medizin empfiehlt den Verzehr vor Mahlzeiten, damit der Körper die Nährstoffe in der Nahrung besser aufnehmen kann. Dass Ingwer gegen Übelkeit oder Reisekrankheit hilft, hat sich im Westen herumgesprochen. Übrigens: Der auch bei uns so beliebte Ingwertee gilt in einigen Teilen Indiens nicht etwa als Heilmittel gegen Schnupfen, sondern als Aphrodisiakum!

KICHERERBSEN

Hülsenfrüchte wie Kichererbsen gehören zu den Grundnahrungsmitteln der indischen Küche. Das verdanken sie ihrem hohen Gehalt an Ballaststoffen und Eiweiß und dem niedrigen Preis. Sie sind nur eingeschränkt leicht verdaulich; Asant wird daher häufig in geringer Dosierung beigegeben. Kichererbsen gelten als kühlend. Sie werden auch zu Mehl verarbeitet und sind aus Curries oder Gemüsepürees nicht wegzudenken.

KOKOSNUSS

Frische Kokosraspel sind die Grundlage von Curries, von Keralas Nationalgericht Avial und von Süßspeisen. In der ayurvedischen Küche als süß, kühlend und schwer eingestuft, werden Kokosraspel bei Pitta und Vata als ausgleichendes Element eingesetzt. Kokosmilch findet in vielen Curries und Desserts Anwendung. Das Kokosöl wird in der ayurvedischen Küche schon lange verwendet. Mittlerweile hat es sich auch im Westen als leicht verdauliches Öl etabliert. Indische Frauen pflegen mit Kokosöl übrigens ihre Haare.

KORIANDERSAMEN

Auch Korianderkörner genannt. Gehören zu den wichtigsten Aromaten in der ayurvedischen Küche. Sie sind kühlend, werden als süß und adstringierend (gleichbedeutend mit zusammenziehend oder auch herb) eingeordnet. Gelten als verdauungsfördernd und appetitanregend. Koriander wird gerne mit Kurkuma, Kreuzkümmel und Chilis kombiniert. Das anfänglich scharfe Aroma wird durch Rösten oder Mahlen etwas gemildert. Verleiht eine interessante, unaufdringliche Würze und passt in das indische Joghurtgetränk Lassi ebenso wie in das bayerische Bauernbrot.

KORIANDERBLÄTTER

Das Aroma der Blättchen lässt sich am besten als seifig-würzig beschreiben. Sie sind nicht jedermanns Geschmack. Die Dosierung ist einfach, da sie erst kurz vor Ende des Kochvorgangs oder beim Servieren zugegeben werden. Blättchen nicht hacken, da sie sich sonst verfärben. Den Blättchen werden wie den Körnern verdauungsfördernde Wirkung zugeschrieben.

KREUZKÜMMEL

Vom Aroma her nicht mit Kümmel zu vergleichen. Vorsichtig verwenden, da sich das Gewürz leicht überdosieren lässt. Ähnlich wie Koriander wird Kreuzkümmel gerne in Öl angeröstet, was ihm den Biss nimmt. Gehört in viele Gewürzmischungen des indischen Subkontinents. In der ayurvedischen Küche gilt er als ausgleichend für alle Doshas, als verdauungsfördernd und soll Toxine aus dem Körper leiten.

KURKUMA

Auch Gelbwurz genannt, ist dies eine mit Ingwer verwandte Wurzel und eine der wichtigsten Würzzutaten aus der ayurvedischen Küche. Ihr wird eine blutreinigende, antioxidative und generell stärkende Wirkung zugeschrieben. Kurkuma stärkt die Herz- und Leberfunktion und wirkt schmerzlindernd bei Gelenkbeschwerden. Färbt bereits in kleiner Dosis und verfeinert den Geschmack. In Asialäden mittlerweile auch als frische Wurzel erhältlich. Diese lässt sich einfach einfrieren und je nach Bedarf und Menge frisch reiben.

MASALA

Eine Mischung aus verschiedenen Gewürzen, die vorher meist trocken geröstet und dann vermahlen werden. Meist sind Kurkuma, Chili oder schwarzer Pfeffer sowie Korianderkörner und Kreuzkümmel dabei. Sie würzen nicht nur, sondern wirken beispielsweise entsäuernd oder gegen Blähungen. Garam Masala und Panch Phoran sind klassische indische Masalas.

MINZE

Das frisch schmeckende Kraut gehört in viele Chutneys, Joghurtzubereitungen sowie Dips und würzt Reisgerichte. Minztee ist wie hierzulande auch auf dem indischen Subkontinent eine beliebte Erfrischung. In der ayurvedischen Ernährung gilt Minze als kühlend, verdauungsfördernd und gut für die Atemwege.

MUNGBOHNEN (AUCH MUNGOBOHNEN)

Als ganze oder gespaltene Variante erhältlich; die gespaltenen Mungbohnen brauchen erheblich weniger Kochzeit und müssen auch nicht eingeweicht werden. Sie werden als kühlend und süß bzw. adstringierend, also zusammenziehend, eingestuft. Ihr hoher Eiweiß- und Nährstoffgehalt macht sie zu einem Grundnahrungsmittel. In der ayurvedischen Küche gelten Mungbohnen als die Hülsenfrucht mit der höchsten ausgleichenden Kraft für alle Doshas. Sprossen lassen sich in etwa drei Tagen aus getrockneten Mungbohnen ziehen, mittlerweile hat sie auch jeder gute Asialaden als Frischware im Angebot. Mungbohnensprossen vor der Zubereitung immer heiß blanchieren.

RÖSTEN

In der indischen Küche werden viele Gewürze vor der Verwendung entweder trocken geröstet und dann vermahlen oder in Öl geröstet und dann als Grundlage für die frische Zubereitung von Gerichten verwendet. Traditionell hat das Rösten der Gewürze zwei Gründe: Während der Monsunzeit dringt Feuchtigkeit weniger schnell in trockengeröstete und vermahlene Gewürze ein. Zudem nimmt Rösten Aromaten wie Koriander oder Kreuzkümmel ihren etwas rohen, bissigen und vordergründigen Geschmack.

SENFSAMEN

Werden beim Kochen immer im Ganzen verwendet und in Öl angeröstet, bis die Samen aufplatzen. Senf gilt als wärmendes Gewürz, das Magenbeschwerden (Magendrücken, Blähungen) mindert und die Verdauung fördert. Hierzulande auch zum Konservieren von Lebensmitteln, zum Beispiel Gewürzgurken, verwendet.

SESAM

In der ayurvedischen Küche, aber auch auf dem indischen Subkontinent als Lebensmittel mit wärmender, stärkender Wirkung gesehen. Verwendet in Süßwaren und Chutneys. Der hohe Ölgehalt soll Muskeln und Muskelgewebe elastisch halten. Auch als Sesamöl erhältlich.

TAMARINDE

Wurzel mit ungewöhnlichem, süßsäuerlichem und gleichzeitig würzigem Aroma. In Asialäden küchenfertig als gepresste Tafel oder Extrakt erhältlich. In der ayurvedischen Küche wird Tamarinde bei Durchfallerkrankungen eingesetzt, äußerlich bei Arthritis, überdies bei Erkältungskrankheiten oder einer Unterversorgung von Vitamin C.

ZIMT

Verwendet wird die dünne Innenrinde. Echte Zimtstangen erkennt man daran, dass mehrere dieser hauchdünnen, getrockneten Rinden ineinandergeschoben sind. Die preiswertere Cassiarinde besteht nur aus einer dicken eingerollten Rinde. Hierzulande eher in Süßspeisen, typisch auch als Teil von Gewürzmischungen. Der Masala-Chai-Tee enthält ebenfalls Zimt. Gilt als wärmendes, verdauungsförderndes Gewürz und wird gerne mit Ingwer und Pfeffer kombiniert.

ZITRONENGRAS

Tatsächlich ist diese zitronig duftende Pflanze botanisch gesehen ein Gras. Verwendet wird die verdickte Wurzel. Gilt in der Ayurveda-Küche als bewährtes Mittel gegen Übelkeit und Menstruationsprobleme. In vielen Asialäden frisch erhältlich, lässt es sich gut einfrieren. Getrocknetes Zitronengras schmeckt und duftet weniger intensiv.

INDEX - HOTELS

Linta's Golden Beach Resort, Kerala (Indien); S. 64
Keralas Nationalgericht mit viel Gemüse
www.fitreisen.de/lintas-golden-beach

Lotus Villa – House of Ayurveda, Sri Lanka; S. 90
Wurzelsalat
www.fitreisen.de/lotus-villa

Lush Life Villa, Sri Lanka; S. 100
Fisch-Wraps mit Tomatensauce
www.fitreisen.de/lush-life-villa

Malabar Escape Purity, Kerala (Indien); S. 78
Erbsengemüse mit Brokkoliröschen und Sprossen
www.fitreisen.de/malabar-escape

Mangosteen Resort & Ayurveda Spa *****⁺,
Phuket (Tailand); S. 20
Crêpes mit feiner Gemüse-Kokos-Füllung
www.fitreisen.de/mangosteen

Mascot Beach Resort, Kerala (Indien); S. 62
Kerala-Curry mit Spinat und Kokosöl
www.fitreisen.de/mascot-beach

Meiveda Ayurveda Beach Resort, Kerala (Indien); S. 50
Spinat-Kokos-Gemüse
www.fitreisen.de/meiveda-resort

Muthumuni Ayurveda Beach Resort, Sri Lanka; S. 116
Zwiebel-Kohila-Curry
www.fitreisen.de/muthumuni-beach

Neeleshwar Hermitage, Kerala (Indien); S. 68
Bohnen-Spinat-Gemüse mit Ingwerwurzel
www.fitreisen.de/neeleshwar

Nikki's Nest, Kerala (Indien); S. 60
Kokoscurry mit Kochbanane
www.fitreisen.de/nikkis-nest

Oasis Ayurveda Beach Resort, Sri Lanka; S. 94
Curry mit Kohilawurzel
www.fitreisen.de/oasis

Ocean of Life, Sri Lanka; S. 84
Knusprige Snack-Häppchen
www.fitreisen.de/ocean-of-life

Sathya Ayurveda – Hotel Villa am Park ***, Deutschland; S. 124
Bittermelonencurry
www.fitreisen.de/sathya-ayurveda

Shreyas Yoga & Ayurveda Retreat, Indien; S. 37
Bohnengemüse mit Sprossen
www.fitreisen.de/shreyas-yoga

Siddhalepa Ayurveda Resort, Sri Lanka; S. 98
Gefülltes Gemüse mit Jackfruitsamen und Indischem Wassernabel
www.fitreisen.de/siddhalepa

Soma Manaltheeram Ayurveda Beach Village,
Kerala (Indien); S. 58
Gewürzkürbis
www.fitreisen.de/manaltheeram

Somatheeram Ayurveda Resort, Kerala (Indien); S. 74
Pikantes Kürbisgemüse
www.fitreisen.de/somatheeram-ayurveda

Surya Lanka, Sri Lanka; S. 96
Fein gewürztes Kartoffel-Curry
www.fitreisen.de/surya-lanka

SwaSwara *****⁺, Indien; S. 28
Avial mit Kürbis
www.fitreisen.de/swaswara

Thaulle Resort ****, Sri Lanka; S. 88
Fein gewürztes Aloe Vera-Curry
www.fitreisen.de/thaulle

The Fortress Resort & Spa *****, Sri Lanka; S. 86
Würziger Salat mit Erdnüssen und Bananenblüten
www.fitreisen.de/the-fortress

Ypsylon, Sri Lanka; S. 92
Kürbiscurry
www.fitreisen.de/ypsylon

Zen Resort Bali ****, Bali (Indonesien); S. 18
Masala Rice
www.fitreisen.de/zen-resort-bali

DANKSAGUNG

Mein großer Dank gilt all den Hotelpartnern in nah und fern, besonders Mr. Manick Rodrigo vom Barberyn Reef, den ich seit vielen Jahren persönlich kenne und der mich von der Ayurveda-Heilkunst überzeugt hat. Alle Resorts haben uns bei diesem Projekt mit Rezepten sowie dem Blick in ihre Küchen und ihre ganz eigene Ayurveda-Philosophie sehr unterstützt. Es war schon immer ein Herzensprojekt von mir, Ayurveda, die Lehre von einem gesunden Leben, mit all ihren vielschichtigen Facetten zu zeigen. Mein Dank gilt daher dem gesamten Team von Fit Reisen, das dieses bunte und genussreiche Ayurveda-Buch ermöglicht hat.

Bedanken möchte ich mich insbesondere bei Cornelia Seliger für ihre tolle Idee sowie bei Tanja Knott, Jana Dorfner und Anna Sieprawska, die daraus dieses wunderschöne Buch gemacht haben. Sachkundig unterstützt wurden sie von Gabriele Gugetzer, die mit ihrer Rezeptkompetenz und ihren schönen Texten dafür gesorgt hat, dass das Buch nicht nur zum Nachkochen animiert, sondern auch neugierig macht auf die Resorts und die Geschichten der Menschen dahinter. Grafisch haben Tina Hilscher und Anja Laukemper aus den vielen Bilderwelten, die uns von den Hotels zur Verfügung gestellt wurden, ein modernes Ensemble geschaffen, das die Ayurveda-Welt mit all ihrer Abwechslung zeigt und zum Träumen einlädt.

Ich freue mich sehr, wenn ich mit diesem Buch nicht nur auf die ayurvedische Küche, sondern auch auf das große Potential der Naturheilkunde mit ihrem gesamtheitlichen Ansatz aufmerksam machen kann.
In diesem Sinne wünsche ich Ihnen alles Gute für Körper, Geist und Seele.

Herzlichst
Ihre Claudia Wagner

P.S.: Viele weitere Inspirationen finden Sie auf www.fitreisen.de und www.fitreisen.de/blog